Q&A
単純承認・限定承認・相続放棄の法律実務
判断ポイントと事例・書式

弁護士・税理士
寺本吉男 編

日本法令

はしがき

　相続は様々なイメージがあると思いますが、最も注意すべき点は、義務（負債）も承継するということです。平たく言えば、親の残した借金を背負うということです。財産は欲しいけど借金は嫌だという「いいとこ取り」はありません。

　これに対して、選択肢は下記の３つです。

1　借金が嫌なので「相続放棄」をして、その後の処理は相続財産清算人に委ねる

2　借金は嫌だけど「限定承認」をして、相続財産の中で払える分は払う

3　すべてを受け入れて「単純承認」をする

　これらのどれを取るかは、経済合理性の観点から、相続財産全体としてプラスかマイナスかが判断基準のメインとなります。もちろん、家を守らなければならないとか親のかけた迷惑を解消したいなどの他の理由もあります。なかには、親が嫌いだから「相続放棄」という例もあります。

　いずれにしても、相続という場面でどの選択をするかは、各制度の内容の理解が必要です。本書では、主に相続の選択に向けて必要な内容の説明を主眼としており、その参考となれば幸いです。

令和６年11月　編者

○単純承認・限定承認・相続放棄概略図

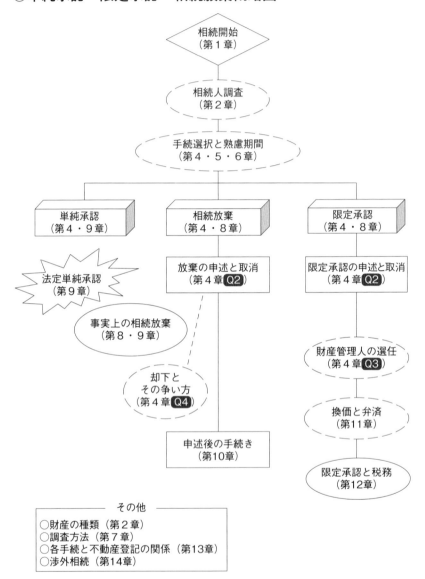

❖❖ 目　次 ❖❖

第1章　相続の開始

Q1 死亡とは ……………………………………………………… 10
Q2 死亡診断書と死体検案書 ……………………………………… 11
Q3 失踪宣告と認定死亡 …………………………………………… 13
Q4 失踪宣告や認定死亡の場合の死亡日 ………………………… 14
Q5 失踪宣告の取消し ……………………………………………… 15
Q6 同時死亡の推定 ………………………………………………… 16

第2章　相続する財産は何か

Q1 相続の法的効果 ………………………………………………… 20
Q2 祭祀に関する権利の承継 ……………………………………… 21
Q3 一身専属的な権利義務 ………………………………………… 22
Q4 財産分与請求権 ………………………………………………… 23
Q5 被相続人の死亡により発生する権利 ………………………… 24
Q6 死亡退職金 ……………………………………………………… 25
Q7 年金受給権 ……………………………………………………… 26
Q8 被相続人の死亡後に金額が確定し得る債務 ………………… 27

第3章　誰が相続人になるのか

Q1 相続人は誰か …………………………………………………… 30
Q2 相続欠格事由 …………………………………………………… 32
Q3 推定相続人の廃除 ……………………………………………… 34

3

Q4 戸籍謄本・法定相続情報 ·· 37

Q5 笑う相続人 ··· 39

第4章　単純承認・限定承認・相続放棄の制度概説

Q1 制度概説 ··· 42

Q2 相続手続に必要な能力 ·· 46

Q3 海外居住者のいる場合、行方不明者のいる場合 ············· 48

Q4 相続放棄の共同申請の可否 ·· 49

Q5 却下とその争い方 ··· 50

Q6 特別代理人選任申立が必要な場合 ······························· 52

第5章　判断のメルクマール

Q1 財産評価の原則—時価主義 ·· 56

Q2 相続税の評価との違い ·· 57

Q3 鑑定方法と鑑定人の選定方法 ·· 58

Q4 評価の時期と処分の時期 ··· 59

Q5 相続税が支払えない場合 ··· 60

コラム　限定承認手続の留意点① ······································· 62

第6章　熟慮期間

Q1 「知ったとき」とは ··· 64

Q2 延長はどこまでできるか ··· 66

Q3 熟慮期間中の管理 ··· 67

Q4 熟慮期間と税務申告期限・準確定申告 ························· 68

Q5 再転相続の場合 ··· 70

Q6 限定承認却下後の相続放棄の可否 …………………………………… 71

第7章　調査方法

Q1 遺言書がある場合 ………………………………………………………… 74
Q2 疎遠であった親族の場合 ………………………………………………… 75
Q3 先順位者が相続放棄をした場合 ………………………………………… 76
Q4 探偵への依頼 ……………………………………………………………… 77
Q5 債務の調査 ………………………………………………………………… 78
Q6 デジタル系の調査 ………………………………………………………… 79
Q7 相続財産の調査事項 ……………………………………………………… 80

第8章　限定承認と相続放棄の選択及び具体例

Q1 相続発生時の相続人の選択肢 …………………………………………… 94
Q2 相続放棄を選択する場合 ………………………………………………… 95
Q3 限定承認を選択する場合 ………………………………………………… 96
Q4 限定承認が有用なケース ………………………………………………… 97
Q5 限定承認と相続放棄の違い ……………………………………………… 99

第9章　法定単純承認

Q1 法定単純承認の類型 ……………………………………………………… 102
Q2 葬儀費用・仏壇墓石購入費用への相続財産の使用、
香典の受領 ………………………………………………………………… 104
Q3 生命保険金の受領 ………………………………………………………… 106
Q4 死亡退職金の受領 ………………………………………………………… 107
Q5 年金の受領 ………………………………………………………………… 108

目　次　5

Q6 還付金の受領 ………………………………………… 111

Q7 預貯金の解約 ………………………………………… 112

Q8 その他の処分行為 …………………………………… 113

Q9 処分行為取消しの可否と単純承認の効果 ………… 115

Q10 隠匿・私に消費・悪意による財産目録への不記載 ………… 117

Q11 現金費消発覚の可能性 ……………………………… 120

Q12 ポイント・マイルの受領・使用 …………………… 121

第10章　相続放棄申述後の手続き

Q1 家庭裁判所からの問合せ文書の記載方法 ………… 124

Q2 相続放棄受理通知書・相続放棄受理証明書の申請方法 ……… 125

Q3 相続分をゼロとする遺産分割協議と相続放棄の違い ………… 126

Q4 他の相続人への相続分の全部譲渡と相続放棄の違い ………… 127

Q5 相続放棄後の申述者の財産に対する義務 ………… 128

Q6 瑕疵ある放棄の意思表示 …………………………… 129

第11章　限定承認申述後の手続き

Q1 相続財産清算人の選任 ……………………………… 132

Q2 相続財産清算人の権限 ……………………………… 133

コラム 限定承認手続の留意点② …………………………… 134

コラム 限定承認手続の留意点③ …………………………… 135

Q3 相続財産の換価行為 ………………………………… 136

Q4 先買権の鑑定 ………………………………………… 139

Q5 鑑定価格と違う金額での処分（任意売却） ……… 140

Q6 弁済と遺産分割 ……………………………………… 141

コラム 限定承認手続の留意点④ …………………………… 143

Q7 限定承認と保証債務、物上保証 …………………… 144

第12章　限定承認と税金問題

Q1 みなし譲渡所得課税 ·· 148

Q2 相続財産に、家賃収入や株や債券の配当がある場合 ·········· 149

Q3 被相続人の準確定申告の期限と熟慮期間の伸長 ············· 151

Q4 みなし相続財産と相続税―生命保険金、退職金など········· 152

Q5 限定承認における税金の申告 ··································· 155

コラム　限定承認手続の留意点⑤ ······························· 157

Q6 限定承認において注意すべき不動産の価格 ·················· 158

Q7 限定承認における小規模宅地等の特例の適用 ················ 159

第13章　最新の法改正・新しい制度との関係

Q1 相続放棄をした者の相続財産の管理義務 ···················· 162

Q2 相続人がすべて相続放棄した場合の相続財産の帰趨 ·········· 163

Q3 遺贈または特別寄与料の支払請求における相続放棄 ········· 165

Q4 10年経過後の相続放棄と遺産分割協議 ······················ 167

Q5 相続放棄の不動産の登記申請義務への影響 ·················· 169

Q6 相続放棄に基づく法定相続登記の更正 ······················ 171

Q7 相続放棄と相続土地国庫帰属制度との異同 ·················· 174

Q8 相続土地国庫帰属制度における申請権者と

相続放棄・遺贈との関係 ······································ 177

第14章　渉外相続

Q1 被相続人が日本人でない場合の相続法 ······················ 180

Q2 日本人でない被相続人の本国に戸籍制度がない場合の処理··· 181

Q3 亡くなった日本人が海外資産を有していた場合の相続手続··· 182

Q4 アメリカ合衆国における相続手続概要 ······················ 183

Q5 韓国における相続手続概要 ……………………………………… 184
Q6 台湾における相続手続概要 ……………………………………… 186

第15章　事例と書式

【相続放棄事例1】債務超過のため相続放棄をする場合 ………… 190
【相続放棄事例2】遺産の分散を回避するために相続放棄をする
　　　　　　　　　場合 …………………………………………… 193
【相続放棄事例3】自身と子の相続放棄を行う場合（申述人：親）… 196
【相続放棄事例4】自身と子の相続放棄を行う場合（申述人：子）… 199
【相続放棄事例5】他者の相続放棄によって相続人となった者が
　　　　　　　　　相続放棄をする場合 ………………………… 202
【相続放棄事例6】特別な事情がある場合の熟慮期間の始期 …… 205
【限定承認事例1】相続人が一人のみの場合の限定承認 ………… 209
【限定承認事例2】相続人が複数の場合の限定承認 ……………… 212
【限定承認事例3】相続人が先買権を行使して遺産を取得したい
　　　　　　　　　場合 …………………………………………… 216
【限定承認事例4】相続人が先買権を行使して取得した遺産と
　　　　　　　　　行使しなかった遺産 ………………………… 221
【書式1】家事審判申立書（失踪宣告）……………………………… 223
【書式2】家事審判申立書（不在者財産管理人選任）…………… 225
【書式3】特別代理人選任申立書 …………………………………… 227
【書式4】家事審判申立書（期間の伸長）………………………… 229
【書式5】相続放棄申述書 …………………………………………… 231
【書式6】家事審判申立書（相続の限定承認）…………………… 233
【書式7】家事審判申立書（相続財産清算人選任）……………… 235

第1章

相続の開始

Q1 死亡とは

> **Q** 「相続は、死亡によって開始」（民法882条）しますが、死亡とはどういうことでしょうか。
>
> **A** 死亡とは、呼吸停止、心拍停止、瞳孔散大という三徴候を医師（歯科医師）が確認し、いずれも該当する場合です。

解 説

　死亡という概念に関しては、呼吸停止、心拍停止、瞳孔散大という三徴候を医師（歯科医師）が認めることです。なお、死亡診断書の作成は医師も歯科医師もできますが、死体検案書の作成は医師だけと解されています。これは、いわゆる自然死というものですが、法律上は、失踪宣告、認定死亡という制度があります。

　また、臓器の移植に関する法律（平成９年法律第104号）の施行により、同６条２項に、「前項に規定する「脳死した者の身体」とは、脳幹を含む全脳の機能が不可逆的に停止するに至ったと判定された者の身体をいう。」と規定され、臓器移植が脳死の段階で可能となりました。脳死の場合、死亡診断書には医師による脳死判定が終了したとき（２回目の判定検査終了時）が死亡時刻と記載されるようですので、上記の三徴候が認められる時期とは異なる可能性があります。関係する相続人の死亡時刻の前後が問題となる例は稀有でしょうが、臓器移植による死亡の場合はご注意ください。

Q2 死亡診断書と死体検案書

死亡診断書と死体検案書はどこが違いますか。

死亡診断書は、医師または歯科医師が自らの診療継続中にある患者が生前の傷病に関連して死亡したと認める場合に作成され、死体検案書は、診療継続中の患者以外の者が死亡した場合、または、診療継続中の患者が診療に係る傷病と関連しない原因により死亡した場合に、医師により作成される点に違いがあります。

解　説

　いずれも人の死亡を証明する文書です。記入方法等の詳細は、厚生労働省のホームページ（「令和６年度版　死亡診断書（死体検案書）記入マニュアル」(https://www.mhlw.go.jp/toukei/manual/dl/manual_r06.pdf)）をご確認ください。

　死亡診断書（死体検案書）には、死亡した年月日、午前・午後、時、分が記載されることとなっていて、関係する相続人の死亡時刻の前後が問題となる場合の１つの目安となります。

　なお、死亡診断書（死体検案書）は、原本１通だけであり、埋葬許可、生命保険金請求、相続税申告など各手続きで必要となることがありますので、写しを複数準備しておいたほうがよいです。

● 死亡診断書

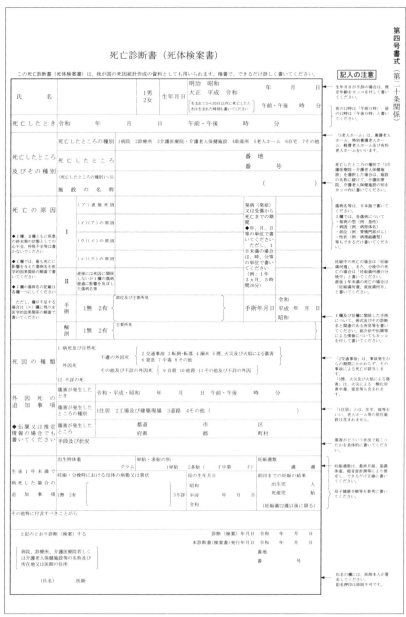

(厚生労働省ホームページより)

Q3 失踪宣告と認定死亡

Q 失踪宣告と認定死亡はどこが違いますか。

A 本人が生死不明の場合に法律上死亡したものと擬制する制度のことで、失踪宣告（民法30条）と認定死亡（戸籍法89条）があります。

解説

　死亡とは、三徴候が認められた場合に判断されるもので、本人が行方不明や遺体のない場合には本来、死亡の判断はできません。

　失踪宣告とは、本人を生死不明の状態のまま長期間放置すると財産や婚姻関係を確定できず、利害関係人に不都合が生じることから、家庭裁判所の宣告により死亡したものとみなす制度です（民法30条、31条）。

　失踪宣告には、不在者が7年間生死不明な場合に出される普通失踪（民法30条1項）と、戦争や沈没した船中にあった後1年間生死が不明な場合に出される危難失踪（同条2項）があります。

　認定死亡とは、危難失踪に類似する制度として、水難、火災その他の事変により死亡の蓋然性が危難失踪よりも高い場合に、官公署が生死不明な不在者の死亡を認定し、そのことを死亡地の市町村長に報告することで戸籍に死亡が記載される制度です（戸籍法89条）。

　失踪宣告についての申立書は、**第15章【書式1】**（223ページ）を参照してください。

Q4 失踪宣告や認定死亡の場合の死亡日

失踪宣告や認定死亡の場合の死亡日はいつですか。

失踪宣告のうち、普通失踪の場合は生存が証明された最後のときから7年間の期間が満了したとき、危難失踪の場合は死亡の原因となる危難が去ったときが死亡日となります（民法31条）。また、認定死亡の場合は、官公署の届出書に死亡日として記載した日が死亡日となります（戸籍法89条、91条）。

解説

　それぞれの死亡日が異なるのは、生死不明者が死亡する蓋然性が高い事象に遭遇したかの違いによるものです。

　普通失踪は、消息が不明というだけで死亡の蓋然性が低いのに対し、危難失踪や認定死亡は、被災や事故により人が死亡する蓋然性が高い事象に遭遇しているため、死亡日に差異が設けられました。

　死亡する蓋然性が高い事象に遭遇したかどうかは、当該不在者が消息不明となった場所、状況、その者の属性などを総合して判断されます。例えば、登山に行った後1年以上の間消息不明である不在者について危難失踪の請求がされた事件について、当日の気象状況や山の状況、当該不在者の登山経験、装備品等が詳細に検討されています（東京高決平28・10・12判時2345号74頁）。

Q5 失踪宣告の取消し

Q 失踪宣告を受けた者が生きていたことが判明した場合、それまでの法律関係はどうなりますか。

A 失踪宣告の取消しが認められた場合、失踪宣告によって生じた法律関係は、失踪宣告後その取消し前に善意で行った法律行為を除き遡及的に効力を失います。これにより失踪宣告によって財産を得た者は権利を失い、現に利益を受けた限度で財産を返還すべき義務を負います（民法32条2項）。

解説

　失踪宣告は、法が人を死亡したものと擬制する制度です。死亡が擬制されているので、本人が生きている（本人が失踪宣告日以外に死亡した場合を含む）ことが証明されれば、手続きを経て失踪宣告は取り消されます。

　その場合、いったん死亡として生じた法律関係をすべて元に戻すことはできません。民法上は、宣告後取消し前に行った法律行為は、善意でした法律行為を除き遡及的に消滅すると規定していますが（民法32条1項後段）、法律行為の当事者双方が失踪宣告者の生存について知らなければ、現状のままということです。

　例えば、失踪宣告により財産を相続した者が取消し前に第三者にその財産を譲渡していた場合、相続人と第三者がいずれも失踪宣告者の生存について善意であれば、譲渡は有効とされます（同条1項後段）。もっとも、生死不明者の財産を相続した者は、現に利益を受けた限度で財産を返還すべき義務を負います（同条2項）。

第1章　相続の開始　15

なお、認定死亡については、生存を証明すれば行政機関により戸籍が訂正されます。また、戸籍訂正前の法律関係についての明文はありませんが、失踪宣告と同様に解されます。

Q6 同時死亡の推定

Q 親子が事故に遭い亡くなりましたが死亡の先後が不明な場合、子は親の遺産を相続しますか。

A 死亡の先後が不明な場合は、同時に死亡したものと推定されるため（民法32条の2）、権利義務の帰属主体ではなくなった子は親を相続しません。ただし、孫がいる場合は、被相続人の子が相続の開始以前に死亡したものとして、代襲相続により孫は親の遺産を相続します。

解説

同時死亡の推定とは、数人の者が死亡した場合において、そのうちの1人が他の者の死亡後になお生存していたことが明らかでないときは、これらの者は、同時に死亡したものと推定することをいいます（民法32条の2）。

死亡の先後は、死亡診断書（死体検案書）の死亡時刻により明らかとなる場合もありますが、同じ船や飛行機に乗って事故に遭って死亡した場合は、どちらが先に亡くなったか不明な場合があります。仮に本件で先に親が亡くなった場合は、子は相続人となりますが、子が先に亡くなった場合は、相続人にはなれません。このように、死亡の先後は相続関係において重要であることから、昭和37年

の民法改正により同時死亡の推定規定が設けられました。同時死亡の推定により死亡した者の間では相続は生じませんが、代襲相続により相続をする余地があります。

　なお、最近は、死亡直前まで携帯電話等で通信していることもありますので、その記録により同時死亡か否かがわかる可能性もあります。

第2章

相続する財産は何か

Q1 相続の法的効果

Q 相続が開始するとどのような法的効果が相続人に生じますか。

A 相続人は、相続開始の時から被相続人の財産に属した一切の権利義務を承継します（民法896条本文）。ただし、後述する「祭祀に関する権利（民法897条）」と「一身専属的な権利義務（民法896条但書）」は、相続財産には含まれません。

解説

相続とは、一身専属的なものを除く被相続人の財産上の権利義務を相続人が引き継ぐことをいいます。ここに財産上の権利義務には、借金などの債務も含まれます。

昭和22年5月2日の民法改正までは、家を単位に1つの戸籍を作り、家長である戸主が隠居や死亡した場合にその地位を承継する家督相続の制度がとられていました。家督相続のもとでは、原則として戸主がすべての財産・権利を単独相続します。

相続登記など改正前の被相続人にまで遡る場合には、家督相続制度が適用されることに注意する必要があります。

Q2 祭祀に関する権利の承継

被相続人が所有する金箔で装飾された高価な仏壇は相続財産ですか。

仏壇は祖先を祀るために必要な祭祀に関する財産ですので、相続財産ではありません。それらは被相続人の指定、慣習、家庭裁判所の定めの順で祭祀を主宰すべき者が承継します（民法897条）。

解説

祭祀に関する権利を相続財産の対象外とした理由は、相続人が複数いると法要などの祭祀を円滑に遂行することができない不都合を回避するためです。以下では祭祀に関する権利が裁判で争いになったケースを紹介します。

① 宗教上の理由から遺骨の引渡しが争われた事案において、遺骨は祭祀に関する権利ではないのですが、民法897条に準じ、慣習に従って祭祀主宰者に帰属するというのが、判例の立場です（最判平1・7・18家月41巻10号128頁）。

② 地積69㎡と財産的価値のある墓地について争われた事案において、墓地は墳墓と社会通念上一体のものとして密接不可分の関係にある範囲であれば祭祀財産といえ、祭祀主宰者に承継されるとされました（広島高判平12・8・25）。

被相続人が財産的に価値のある祭祀に関する物を有している場合には、これを承継するため、祭祀承継者の地位が争われる例が多くあります。

第2章 相続する財産は何か 21

Q3　一身専属的な権利義務

Q　相続されない一身専属的な権利義務にはどのようなものがありますか。

A　一身専属とは、性質上、被相続人以外の者に帰属させることが適当でないものをいいます。使用貸借の借主の地位など明文があるもののほか、明文にないものとして、親子関係存否の確認、認知請求権といった身分関係の確認等を求める権利義務や生活保護受給権などがあります。

解　説

1　民法上の明文があるもの

① 委任契約の当事者の地位（民法653条1号）
② 使用貸借の借主の地位（同597条3項）
③ 代理における本人代理人の地位（同111条1項）
④ 組合員の地位（同679条1号）
⑤ 労働者の地位（同625条2項）

2　民法上の明文がないもの

性質上、一身専属的なものとして、コンサートの公演など債務者以外の者が債務の本旨に従った履行ができない場合がありますが、その他裁判で一身専属性が肯定された例を紹介します。

① 親子関係の存否の確認を求める権利（名古屋地決昭42・4・14

判タ207号105頁）
② 扶養債務（浦和家審昭55・9・16家月33巻10号81頁）
③ 認知請求権（名古屋高判昭59・2・28判タ528号288頁）
④ 婚姻無効確認請求権（最二小判平1・10・13集民158号75頁）
⑤ 生活保護受給権（最大判昭42・5・24集民21巻5号1043頁）

Q4 財産分与請求権

財産分与請求権（民法768条）は、相続財産となりますか。

被相続人が離婚し、財産分与請求権行使の意思を表している場合は、相続財産となりますが、離婚が成立しないうちに被相続人が亡くなった場合は、相続財産となりません。

解説

　財産分与請求権の行使は、離婚当事者の意思のみによって決定されるべきものですので、一身に専属する権利と解されます。また、財産分与請求権は、離婚の成立によって発生し、実体的権利義務として存在するため、たとえ生前に離婚及び財産分与を求める調停を申し立てていたとしても、離婚成立前に亡くなった場合、財産分与請求権は相続財産となりません。（東京高決平16・6・14家月57巻3号109頁）。これに対し、離婚後、母が財産分与請求調停中に亡くなった場合、財産分与請求権は普通の財産権と化しているとして相続財産とされました（名古屋高決昭27・7・3高民集5巻6号265頁）。

Q5 被相続人の死亡により発生する権利

> **Q** 生命保険金（死亡保険金）は相続財産ですか。
>
> **A** 生命保険金は、特段の事情がない限り相続財産ではありません。

解説

　生命保険金は、原則として保険契約に基づいて受取人に支払われる受取人固有の財産とされています。もっとも、①保険金の額、②保険金の遺産総額に対する比率、③保険金受取人である相続人及び他の共同相続人と被相続人との関係、④各相続人の生活実態等の諸般の事情を総合考慮して、保険金受取人である相続人とその他の共同相続人との間に生ずる不公平が民法903条の趣旨に照らし到底是認することができないほどに著しいものであると評価すべき「特段の事情」が存する場合には、同条の類推適用により、特別受益に準じて相続財産に持ち戻して相続財産となる場合があることに留意する必要があります（最二小決平16・10・29民集58巻7号1979頁）。

　「特段の事情がある」とされた裁判例としては、相続人2人のうちの1人に対して①1億570万円（②遺産総額の約104％、③同居なし）の保険金が支払われたもの（東京高決平17・10・27家月58巻5号94頁）、相続人が後妻と前妻の子の2人のうち、後妻の子に①5,154万円（②遺産総額の約61％、③後妻との婚姻期間は約3年5月）の保険金が支払われたもの（名古屋高決平18・3・27家月58巻10号66頁）

があります。

　なお、生命保険金は、基本的には相続財産ではないものの、相続税の課税対象になりますのでご留意ください。

Q6　死亡退職金

死亡退職金は、相続財産となりますか。

原則として相続財産になりませんが、他の相続人の生活を困窮させるなど相続人間の公平を害する特段の事情がある場合には、相続財産になる場合があります。

解　説

　「死亡退職金」は、退職金支給規程等で遺族に支給する旨が規定されている場合は、遺族たる受給者の固有の権利であり、遺産に属しません。ただし、給与の一部を積み立てて退職時に積立金とそれに対する所定の利息を受け取るという「特別退職金」は、消費貸借契約の終了に基づく返還請求権であり、また、「退職金・役員功労金」については、賃金の後払い的性格から遺産になるとされています（広島高岡山支決昭48・10・3家月26巻3号43頁）。

第2章　相続する財産は何か　25

Q7 年金受給権

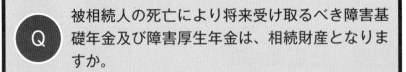

Q 被相続人の死亡により将来受け取るべき障害基礎年金及び障害厚生年金は、相続財産となりますか。

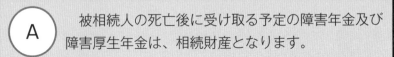

A 被相続人の死亡後に受け取る予定の障害年金及び障害厚生年金は、相続財産となります。

解 説

　国民年金法に基づく障害基礎年金も厚生年金保険法に基づく障害厚生年金も、原則として、保険料を納付している被保険者（被相続人）が所定の障害等級に該当する障害の状態になったときに支給されます。障害年金受給者が第三者の不法行為により死亡した場合、その相続人は、加害者に対し、被害者の得べかりし各障害年金額を逸失利益として請求することができるものの、右各年金の加給分については、逸失利益性を認めることはできないとされました（最二小判平11・10・22民集53巻7号1211頁）。このように、障害基礎年金などは被相続人の逸失利益として相続できますので、被相続人が亡くなった場合には、役所に死亡の事実を届け出ましょう。

Q8 被相続人の死亡後に金額が確定し得る債務

例えば、電車事故を引き起こして亡くなった場合の鉄道会社に対する損害賠償債務や、身元保証債務など確定していない債務も相続の対象となりますか。

損害賠償債務は相続の対象となりますが、身元保証債務は発生した債務を除き相続の対象となりません。

解説

　相続人が承継する一切の権利義務には、損害賠償債務も当然含まれ相続の対象となります。したがって、被相続人が線路に転落して電車事故で亡くなった場合、相続人は、鉄道会社から振替輸送費、人件費、列車の修理費、乗客に対する責任などにより高額な損害賠償請求を受ける可能性があります。この点、認知症の男性が線路内に立ち入り通過中の列車と衝突して死亡した事故について、列車に遅れが生じたため、振替輸送を手配するため他の鉄道会社に支払った額、事故に伴う旅客対応にかかる人件費等として、鉄道会社が相続人に対して約719万円の損害賠償請求をした事案があります（最三小判平28・3・1民集70巻3号681頁）。

　身元保証債務など保証人の責任の限度額や期間の定めのない包括的な保証債務は、主債務者との個人的な信頼関係に基づくものであり責任が無限定であるため、保証人の死亡により終了し、相続されないと解されています。ただし、保証人の相続開始前に具体化した

第2章　相続する財産は何か　27

特定の損害賠償債務については、通常の債務と異ならないので相続されます（大審院判昭10・11・29大民集14巻1934頁）。

　なお、継続的売買取引において将来負担する債務についてした責任限度額及び保証期間の定めのない連帯保証契約における保証人の地位に関して、特段の事由がない限り、保証人の死亡後生じた主債務について、その相続人は保証債務を負担しないものとされました（最二小判昭37・11・9民集16巻11号2270頁）。

第3章

誰が相続人になるのか

Q1 相続人は誰か

2か月前に叔母が亡くなりました。叔母夫婦には子どもがおらず、叔母の両親も叔母の夫も亡くなっています。また、叔母と二人姉妹の妹にあたる私の母も昨年亡くなりました。誰が叔母の相続人になるのでしょうか。

本件では、被相続人の配偶者は既に死亡しており、相続人には第1順位の子及びその代襲相続人はなく、第2順位の相続人の両親（直系尊属）も死亡していることから、第3順位の兄弟姉妹が血族相続人となります。被相続人の妹は既に死亡していますが、その子が代襲して相続人となります。

解 説

1 相続人の範囲

　誰がどう承継するのか遺言があればそれに従いますが、遺言がない場合、民法は被相続人の配偶者と血族を相続人としています。配偶者は常に相続人となりますが、血族には相続の順序があり、被相続人の子が第1順位（民法887条1項）、被相続人の直系尊属が第2順位（同889条1項1号）、被相続人の兄弟姉妹が第3順位の相続人とされ（同2号）、先順位の血族相続人がいない場合に順次繰り下がります。先順位の血族相続人がいない場合というのは、はじめから存在しない場合、相続欠格（同891条）、廃除（同892条、893条）、相続放棄（同939条）の場合です。

30

2 代襲相続

　なお、相続人となるはずであった者が相続開始以前に死亡したり、欠格事由に該当したり（民法891条）、廃除によって相続権を失っている場合（同892条、893条）に、その者の直系卑属（兄弟姉妹の場合はその子に限ります）に、その者が相続するはずであった相続分を直接相続させる代襲相続の制度があります。代襲原因は、①相続開始以前の死亡、②相続欠格、③廃除に限られ、相続放棄は含まれないことに注意が必要です。

Q2　相続欠格事由

Q　私は３人姉妹の末っ子ですが、姉２人は結婚して遠方に居住しているため、私は父が亡くなった後実家に戻り母と同居し、長年母の面倒を見てきました。

最近母が亡くなり、母から私に「全財産を相続させる」という内容の自筆証書遺言を預かっているのですが、２人の姉は何も知りません。私としては、今後も姉たちとの関係を円満に保つために、できれば母の遺言書を使わずに法定相続分を基本とした遺産分割協議を行いたいのですが、母の遺言書を隠しておくことは問題になりますか。

A　民法891条５号は、「相続に関する被相続人の遺言書を偽造し、変造し、破棄し、又は隠匿した者」は、相続人の資格を失うと規定しています。これは、被相続人の遺言行為に関して著しく不当な干渉行為をした相続人について、相続人となる資格を失わせるという民事上の制裁を科そうという趣旨です。

遺言書の隠匿とは、遺言書の発見を妨げるような状態に置くことをいうので、母親から預かった遺言書を隠しておくことは隠匿にあたります。

もっとも、最高裁平成９年１月28日判決（民集51巻１号184頁）は、「相続人が相続に関する被相続人の遺言書を破棄又は隠匿した場合において、相

続人の右行為が相続に関して不当な利益を目的とするものでなかったときは、右相続人は、民法891条5号所定の相続欠格者には当たらないものと解するのが相当である。」と判断しています。本件でも、「全財産を相続する」という自らに有利な立場を放棄して、公平・円満に遺産分割を行う目的で遺言書を秘匿するのであれば、被相続人の遺言行為に対する著しく不当な干渉行為とはいえず、民法891条5号の相続欠格事由に該当しないと判断される可能性があります。

解　説

1　相続欠格になる5つの事由

　相続欠格は、次のいずれかの事由があれば、当然に法定相続人の資格を剥奪する制度です。また、遺言の受遺者としての資格も喪失します（民法965条、891条）。

① 故意に被相続人または相続について先順位もしくは同順位にあるものを死に至らせ、または至らせようとしたために、刑に処せられた者（同891条1号）

② 被相続人の殺害されたことを知って、これを告発せず、または告訴しなかった者（同条2号）

③ 詐欺または強迫によって、被相続人が相続に関する遺言をし、撤回し、取り消し、またはこれを変更することを妨げた者（同条3号）

④ 詐欺または強迫によって、被相続人に相続に関する遺言をさせ、撤回させ、取り消させ、または変更させた者（同条4号）

第3章　誰が相続人になるのか　33

⑤　相続に関する被相続人の遺言書を偽造し、変造し、破棄し、または隠匿した者（同条5号）

2　相続欠格の効果

　欠格事由に該当する者は、何らの手続きを要することなく、法律上当然に相続権を失うので、欠格者が外観上相続をして相続財産を第三者に譲渡しても、第三者は権利を取得せず（ただし、公信の原則によって保護される余地あり）、真正な相続人からの返還請求に応じなければなりません。

　相続欠格の効果は、その者限りであり、欠格者に直系卑属があり、代襲相続の要件を満たせば、代襲相続人になります（民法887条2項、3項）。

Q3　推定相続人の廃除

Q　私には長男と二男の2人の子どもがいます。長男の素行が悪いので、私の死後、長男に財産を相続させないようにする方法はありますか。

A　相続人の廃除を請求することが考えられます。廃除は、被相続人が生前に家庭裁判所に請求して行うこともできますし、遺言で廃除の意思表示をすることもできます。廃除の申立てをして廃除が認められると、廃除された推定相続人の戸籍に廃除の記載がされるので、生前に廃除の申立てをする場合には注意が必要です。

解　説

1　廃除とは

　推定相続人が第3順位の兄弟姉妹の場合は、遺留分が認められていないので、被相続人は生前の財産処分または遺言をすることで、財産を渡したくない推定相続人を除外できます。これに対し、推定相続人が直系卑属、直系尊属、または配偶者である場合には遺留分が認められていることから、遺言によって完全に相続の利益を奪うことができません。

　そこで、相続欠格のように相続権を当然に否定されるほど重大事由ではないものの、その推定相続人が相続利益を受けることを阻止したい被相続人の意思が社会通念上、客観的に合理的といえる場合に、遺留分を否定するために設けられたのが廃除の制度です。

2　廃除事由

　廃除事由は、被相続人に対する虐待、重大な侮辱、相続人の著しい非行ですが、推定相続人の行為が廃除事由に該当するかの判断基準の定立は困難です。一般的抽象的には、相続的協同関係（相互に相続権を付与されている者の家族的協同生活関係）を破壊する可能性の有無を基準とするとされていますが、具体的事案において個別的に判断するほかありません。

3　推定相続人の廃除が問題となった事例

①　福島家裁平成19年10月31日審判（家月61巻4号101頁）は、被相続人が70歳を超えた高齢者であり、介護が必要な状態であったにもかかわらず、被相続人の介護を妻に任せたまま出奔

した上、父から相続した田畑を被相続人や親族に知らせないまま売却し、妻と離婚後、被相続人や子らに自分の所在を明らかにせず、扶養料も全く支払わなかったものであるから、悪意の遺棄に該当し相続的共同関係を破壊するに足りる「著しい非行」に該当するとしています。

② 大阪高裁令和元年8月21日決定（判タ1474号19頁）は、推定相続人である長男が、平成19年5月頃、平成22年4月頃及び同年7月15日の3回にわたり、被相続人である父親に暴行を加えた事案で、仮に被相続人の言動に立腹するような事情があったとして、当時60歳を優に超えていた被相続人に暴力をふるうことをもって対応することは許されず、長男が少なくとも3回にわたって暴行に及んだことは看過できず、そのうち平成22年4月の暴行では、被相続人に全治約3週間を要する両側肋骨骨折、左外傷性気胸の傷害を負わせた結果は重大であるとして、長男の暴行は被相続人の言動に誘発されたかの性を否定できない等として廃除の申立を却下した原審判を取り消して、廃除を認めました。

③ これに対して、大阪高裁令和2年2月27日決定（判タ1485号115頁）は、被相続人である妻が夫を廃除する意思を表示した事案で、推定相続人の廃除は、被相続人の意思によって遺留分を有する推定相続人の相続権を剥奪する制度であるから、廃除事由である被相続人に対する虐待や重大な侮辱、その他の著しい非行は、被相続人との人的信頼関係を破壊し、推定相続人の遺留分を否定することが正当であると評価できる程度に重大なものでなければならず、夫婦関係にある推定相続人の場合には、離婚原因である「婚姻を継続し難い重大な事由」（民法770条1項5号）と同程度の非行が必要であると解すべきとし、被相続人は、本件遺言時に係属中であった離婚訴訟において、婚姻を継続し難い重大な事由はないし、これが存在するとしても

有責配偶者からの離婚請求であるから、婚姻の継続を相当と認めるべき事情がある旨を主張して争った上、本件遺言作成後に言い渡された離婚訴訟の判決において、婚姻を継続し難い重大な事由（離婚原審）が認められないと判断されたこと、被相続人の遺産は、夫と共に営んでいた事業を通じて形成されたものであること、夫婦関係の不和は約44年間に及ぶ婚姻期間のうちの5年余りの間に生じたもので、被相続人の遺産形成への夫の寄与を考慮すれば、その遺留分を否定することが正当と評価できるほど重大とはいえないとして、廃除を否定しています。

Q4 戸籍謄本・法定相続情報

Q 父親が亡くなって、母親と私（長男）と妹（長女）が相続人です。年金や銀行、不動産登記などいろいろな手続きの際に戸籍謄本が必要と言われましたが、どのように入手するのでしょうか。また、法定相続情報証明制度とはどのようなものでしょうか。

A 広域交付制度によって、令和6年3月1日から、戸籍謄本などの証明書は本籍地以外の最寄りの市区町村でも請求できます。

法定相続情報は、相続関係を一覧に表した図を登記官が戸籍謄本等で確認したうえで、その一覧図に認証文を付した写しを無料で交付するものです。

第3章　誰が相続人になるのか　37

解　説

　戸籍制度は、日本国民の国籍とその出生から死亡に至るまでの親族的身分関係（夫婦、親子、兄弟姉妹等）を戸籍簿に登録してこれを公証する制度で、戸籍謄本は戸籍簿の写しです。戸籍謄本によって被相続人の死亡を確認し、法定相続人が誰かを確認することができるため、相続の手続きには戸籍謄本の提出が求められます。被相続人の出生から死亡までの戸籍謄本（除籍謄本・改製原戸籍謄本）と相続人全員の現在の戸籍謄本が必要となり、本籍のある市区町村役所に請求します。

　不動産登記、預貯金の払戻し等の相続手続の際に、毎回すべての戸籍謄本類を集めるのは手間と費用が掛かります。そこで、法定相続情報証明制度を利用すると便利です。「法定相続情報一覧図」を作成して、戸籍謄本等の必要書類とともに法務局に提出すると、一覧図の内容が民法の規定する相続関係と合致していることを確認した上で、一覧図に認証文を付した写しを交付してくれます。これを利用することで、相続登記手続等において戸籍謄本の提出が不要になります。

Q5 笑う相続人

Q 「笑う相続人」とはどういう意味ですか。

A 生前の被相続人と全然交流がなかった、あるいは親戚であることさえ知らなかったのに、たまたま血族だったというだけで、棚ぼた式に遺産を承継することになった相続人のことを「笑う相続人」といいます。

解 説

　被相続人に配偶者も子（第1順位）もおらず、両親（第2順位）も兄弟姉妹（第3順位）も既に他界しているような場合、兄弟姉妹の子、つまり被相続人の甥姪が代襲相続人になりますが、甥や姪は被相続人との付き合いが全くないケースもあります。生前の被相続人との交流がほとんどないにもかかわらず、血縁関係上相続権が発生することになって、「笑う相続人」と呼ばれます。

　笑う相続人の発生を制限する観点から、昭和55年の民法改正の際、従前は兄弟姉妹が相続人となる場合の代襲相続人の範囲について特に制限がなかったところ、兄弟姉妹の子（被相続人から見て甥・姪）までに制限されました（民法889条2項中、887条3項を準用する部分が削除されました）。

第3章　誰が相続人になるのか　39

第4章

単純承認・限定承認・相続放棄の制度概説

Q1 制度概説

> **Q** 相続の単純承認、限定承認、放棄とはどのようなものですか。
>
> **A** 人が死亡すると、その一切の財産的権利義務は、一応当然に相続人に承継されることになりますが、相続人には、相続を承認するか、放棄するかを選ぶ自由があります。被相続人の権利義務を無限に承継するのが単純承認、被相続人の債務を相続財産のある限度で弁済し、相続人の固有財産をもっては責任を負わないという留保をつけて承認するのが限定承認、相続を放棄して全く相続をしなかったことにするのが相続放棄です。

解　説

1　単純承認とは

　単純承認は、被相続人の権利義務を無限に承継することで、相続によって承継した債務を被相続人の固有財産をもって弁済する義務を負うことになります（民法920条）。

　単純承認の意思表示には、役所への届出や家庭裁判所での申述といった特段の形式を要せず、何らかの形で単純承認するという意思が表示されれば足ります。また、次の場合には、単純承認したものとみなされます（民法921条）。

　① 相続人が相続財産の全部または一部を処分したとき
　② 相続人が熟慮期間内に限定承認も相続放棄もしなかったとき

③　相続人が限定承認または相続放棄をした後、相続財産の全部
　もしくは一部を隠匿し、私にこれを消費し、または悪意でこれ
　を相続財産の目録中に記載しなかったとき

2　限定承認とは

　限定承認は、相続によって得たプラスの財産の限度において、被
相続人の債務及び遺贈を弁済する相続形態です。限定承認をしよう
とする相続人は、熟慮期間内に相続財産の目録を作成して家庭裁判
所に提出し、限定承認をする旨の申述書を提出しなければなりませ
ん（民法924条、家事事件手続法201条5項）。相続人が複数の場合、
限定承認は相続人全員の共同でしなければならず（民法923条）、共
同相続人の1人が積極的に単純承認の意思表示をしたり、相続放棄
の手続をとったりしたときは、限定承認はできません。
　限定承認の効力は、家庭裁判所が申述を受理することによって生
じますが、申述受理後、被相続人の相続財産を清算する手続きが必
要になります。清算手続の流れは以下のとおりです。

(1)　公告・催告（民法927条）

　限定承認した相続人または清算人（家事事件手続法201条3項）
は、すべての相続債権者及び受遺者に対し、限定承認した旨、及び
2か月を下らない期間を定めてその期間内に請求の申出をすべき旨
を公告し、知れている相続債権者及び受遺者には、各別にその申出
の催告をしなければなりません（民法927条）。

(2)　換　価

　預貯金の解約、不動産の処分等により相続財産を換価するが、相

第4章　単純承認・限定承認・相続放棄の制度概説　43

続財産を売却する必要があるときは、競売の方法によらなければなりません。ただし、相続人は、家庭裁判所が選任した鑑定人の評価に従い、相続財産の全部または一部の価額を弁済して、当該財産を引き取ることができます（先買権）。

(3)　弁　済

公告期間満了後、限定承認者または清算人は、相続財産をもって、その期間内に同項の申出をした相続債権者その他知れている相続債権者に、それぞれその債権額の割合に応じて弁済をしなければなりません。ただし、優先権を有する債権者の権利を害することはできません（民法929条）。相続債権者に弁済後、受遺者に弁済します（同931条）。

(4)　残余財産の処理

債務を弁済してなお残余財産がある場合には、残余財産は限定承認をした相続人に帰属します。相続財産を全部換価して弁済しても債務が残る場合、当然のことながら、限定承認者は責任を負いません。この場合は、債務は自然債務になると考えられます。

3　相続放棄とは

相続放棄は、相続の開始によって被相続人に帰属した一切の財産的権利義務が相続人に承継させることを相続人が拒絶する行為です。相続放棄しようとする相続人は、熟慮期間中にその旨を家庭裁判所に申述しなければなりません（民法938条、家事事件手続法201条5項）。限定承認と異なり、共同相続の場合でも各相続人は単独で放棄することができます。

家庭裁判所が相続放棄の申述の受理の審判をするときは、申述書にその旨を記載しなければならず、受理の記載をした時点でその効力を生じます（家事事件手続法201条7項）。

　また、相続放棄により、放棄者ははじめから相続人とならなかったものとみなされます（民法939条）。

　代襲相続人である被相続人の孫が、同時に被相続人の養子となっている場合のように、被相続人に対して二重の相続資格を有する場合、一方の資格による相続のみを放棄して、他方の資格で相続することはできるでしょうか。

　旧法下の判例では、同一人が被相続人の直系尊属であると同時に戸主でもある場合に、子の遺産相続について、直系尊属の資格で放棄しても、同時に戸主たる資格による相続を放棄しない限り、なお戸主である資格において当然遺産相続人であるとしたものがあります（大判昭15・9・18民集19巻1624頁）。

　また、下級審ですが、妹が被相続人の養子となっていた場合に、なされた相続放棄が養子としての相続人資格についてのものなのか、妹としての相続人資格についての放棄も含むのかが争われた事例で、「同一人が2つの資格を兼有する場合でも、相続の放棄はやはり相続順位（資格）に応じ、各別に観察するを相当とするとの見解が正しいといわねばならず、またこれを区別する実益がある。」とした裁判例があります（京都地判昭34・6・26家月12巻9号182頁）。

第4章　単純承認・限定承認・相続放棄の制度概説　45

Q2 相続手続に必要な能力

単純承認、限定承認、相続放棄をするのに行為能力は必要ですか。

　単純承認、限定承認及び相続放棄を行うには行為能力が必要です。
　未成年者の場合、親権者もしくは後見人の同意を得て行うか、親権者もしくは後見人が未成年者を代理して行う必要があります（民法824条、859条）。成年被後見人の場合、後見人が被後見人に代わって単純承認、限定承認または相続放棄を行うことになります（同8条、859条）。

解 説

1　相続の承認及び放棄の撤回、取消し

　相続の承認及び放棄は、熟慮期間内でも撤回することができませんが（民法919条1項）、民法総則編及び親族編に所定の取消原因がある場合には、これを取り消すことができます。取消しができるのは、以下の場合です。
　① 　未成年者が親権者または後見人の同意を得ないでした承認・放棄（民法5条1項、2項）
　② 　成年被後見人がした承認・放棄（同9条）
　③ 　被保佐人が保佐人の同意を得ないでした承認・放棄（同13条1項6号、4項）
　④ 　被補助人が同17条1項の審判により承認・放棄につき補助人

の同意を得なければならないとされた場合に、補助人の同意を得ずにした承認・放棄（同17条１項、４項）

⑤　錯誤（同95条１項）

２　取消権の行使期限及び行使手続

　取消権は、追認をすることができる時から６か月間行使しないときは、時効によって消滅します。相続の承認または放棄の時から10年を経過したときも同様です。また、限定承認または相続の放棄の取消しをしようとする者は、その旨を家庭裁判所に申述しなければなりません。家庭裁判所が、限定承認、相続放棄の申述受理の審判をすることで取消しの効力が生じます（家事事件手続法201条７項）。

Q3 海外居住者のいる場合、行方不明者のいる場合

Q 父が亡くなり、既に母も亡くなっていることから、私と弟が相続人ですが、父には借金があったことから限定承認を考えています。弟は、10年以上前に海外に行ったまま音信不通です。どうしたらよいでしょうか。

A 海外居住者の住所や不明の場合、その者の戸籍や戸籍の附票を取得して居所を調査します。例えば、戸籍の附票（住所の履歴を記載した証明書）に10年前にアメリカに住所を移した旨の記録はあるものの、移転先の具体的な住所の記載はなく「アメリカ合衆国」とだけ記載されているような場合、外務省に「所在調査」を依頼することが考えられます。
　所在調査をしても所在が不明の場合、家庭裁判所に不在者財産管理人の選任を請求し、不在者財産管理人が裁判所の許可を得て限定承認の申述をすることになります。

解　説

　従来の住所または居所を去って容易に帰ってくる見込みのない者を不在者といいます（民法25条）。外務省は、海外に在留している可能性が高く、長期にわたってその所在が確認されていないものの、生存が見込まれる日本国籍者について、原則配偶者及び三親等内の親族からの依頼によって、在留届及び旅券情報から連絡先を調

査することとなります。

　所在調査をしても住所や連絡先が判明しない場合には、不在者の財産管理人の選任申立をします（民法25条、家事事件手続法145条）。不在者財産管理人が、限定承認の申述を行うための家庭裁判所の許可を得た上で、他の相続人と共同で限定承認の申述を行うことになります。

　なお、手続きには時間を要しますので、熟慮期間の伸長の申立てが必要となる可能性があります。

　不在者財産管理人選任の申立書は、**第15章【書式２】**（225ページ）を参照してください。

Q4　相続放棄の共同申請の可否

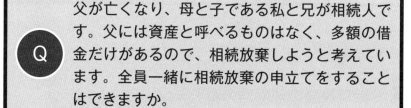

父が亡くなり、母と子である私と兄が相続人です。父には資産と呼べるものはなく、多額の借金だけがあるので、相続放棄しようと考えています。全員一緒に相続放棄の申立てをすることはできますか。

配偶者と子は同順位の相続人なので、共同で相続放棄の申立てをすることができます。

　共同相続の場合でも各相続人は単独で相続放棄の申述をすることができますが、相続放棄をしようとする同一順位の共同相続人は、共同して相続放棄の申述手続を求めることができます。

　相続順位の異なる場合は、まとめて手続きすることはできませ

ん。先順位の相続人の相続放棄が受理された後、後順位の相続人は相続放棄の申述をすることになります。

　共同して手続きをすることにより、戸籍謄本等の必要書類を重複して提出する必要がなくなります。

Q5　却下とその争い方

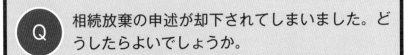

相続放棄の申述が却下されてしまいました。どうしたらよいでしょうか。

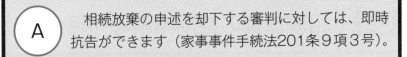

相続放棄の申述を却下する審判に対しては、即時抗告ができます（家事事件手続法201条9項3号）。

解　説

1　相続放棄申述受理の審判

　相続放棄の申述は、受理という審判によって行われます（家事事件手続法別表第一95項）。福岡家裁昭和44年11月11日審判（家月22巻6号88頁）は、「相続放棄の申述の受理に関する審判は、相続放棄の有効無効を確定する裁判ではなく、単に相続放棄の意思表示を受領し、これが相続人の真意に基くものであることを公証する機能を有するに止まるものであり、また、この審判に伴う国家の後見的機能も相続人保護（相続人の錯誤の防止等）のために発揮されるべきことが期待されているに止まり、相続債権者保護の機能までも担っているものではないと解するのが相当である。したがつて、本件相続放棄が仮に無効なものであるとしても、その申述が申述人の

真意にしたがつたものである以上これを受理せざるをえないのである。」としています。

2　相続放棄申述を却下する審判

　相続放棄の申述を却下する審判に対しては、高等裁判所への即時抗告が認められているにすぎず（家事事件手続法85条1項、201条9項3号）、不服申立による救済方法が限定されます。

　東京高裁令和元年11月25日決定では、相続放棄の熟慮期間に関し、「抗告人らの各申述の遅れは、相続放棄手続が既に完了したとの誤解や被相続人の財産についての情報不足に起因しており、抗告人らの年齢や被相続人との従前の関係からして、やむを得ない面があったというべきであるから、本件における民法915条1項所定の熟慮期間は、抗告人らが、相続放棄手続や被相続人の財産に関する具体的説明を受けた時期から進行する」とし、熟慮期間を経過しているとして相続放棄の申述を却下した原審を取り消し、申述を受理する決定をしています。

　そして、「付言するに、相続放棄の申述は、これが受理されても相続放棄の実体要件が具備されていることを確定させるものではない一方、これを却下した場合は、民法938条の要件を欠き、相続放棄したことがおよそ主張できなくなることに鑑みれば、家庭裁判所は、却下すべきことが明らかな場合を除き、相続放棄の申述を受理するのが相当である。」としています（東京高決令元・11・25判タ1481号74頁）。

　なお、放棄を受理する審判については、即時抗告を認める規定がないことから、即時抗告はできません（家事事件手続法85条）。

Q6 特別代理人選任申立が必要な場合

特別代理人選任申立が必要な場合は、どのような場合でしょうか。

未成年者や成年被後見人と、法定代理人が共同相続の関係にあり、法定代理人が未成年者や成年被後見人のために相続放棄を申述することが利益相反行為に当たる場合には、特別代理人選任申立が必要になります。

解説

　法定代理人（親権者または成年後見人）と、未成年者または成年被後見人が共同相続の関係にある場合、当該未成年者または成年被後見人が相続放棄すると、法定代理人の相続分が増えることとなります。そのため、法定代理人が、共同相続関係にある未成年者または成年後見人の代理をして相続放棄をすることは、原則として利益相反行為にあたるものと考えられており、この場合の相続放棄は無権代理行為になるものと考えられています。

　なお、法定代理人と、2名以上の未成年者または成年被後見人が共同相続関係にある場合に、1人の未成年者または成年被後見人のみの放棄を行う場合や、自身と1人の未成年者または成年被後見人のみの放棄を行うような場合も、他の未成年者または成年被後見人の相続分が増えることになるため、利益相反行為にあたるものと考えられています。

　ただし、法定代理人が自らの相続放棄をした後、または自身の相続放棄と同時に未成年者または成年被後見人の相続放棄の申述を代

理した場合には、上記のような法定代理人に対する相続分の増減が生じないため、利益相反行為にはあたらないと考えられています（成年後見人の事例について、最判昭53・2・24民集32巻1号96頁参照）。

このような利益相反が生じる場合、成年後見監督人が選任されている場合には、成年後見監督人が成年被後見人を代表することで相続放棄の申述を行うことができます（民法851条4号）。

他方で、成年後見監督人が選任されていない場合には、未成年者及び成年被後見人について特別代理人を申立て、特別代理人に代理をさせることによって相続放棄の申述を行うことができます（826条、860条、家事事件手続法19条1項、同法別表第一12項）。

なお、限定承認の申述の場合には、相続人全員で手続きを行うという行為の性質上、相続放棄の場合のような一部の者に対する相続分の増減が生じないために利益相反行為にはあたらず、特別代理人選任申立は必要ありません。

特別代理人選任の申立書は、**第15章【書式3】**（227ページ）を参照してください。

第5章

判断のメルクマール

Q1 財産評価の原則―時価主義

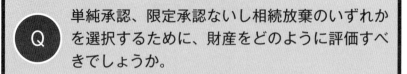

単純承認、限定承認ないし相続放棄のいずれかを選択するために、財産をどのように評価すべきでしょうか。

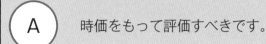

時価をもって評価すべきです。

解説

相続人が、単純承認、限定承認ないし相続放棄のいずれかを選択するにあたり、一般的には相続財産の内容がどういったものであるか、プラスの財産（積極財産）だけでなく、どのくらいマイナスになる負債（消極財産）があるのかを検討することになります。

積極財産が消極財産より明らかに多いときには、ほとんどのケースでは単純承認がなされると思われます。逆に、消極財産が積極財産より多く、債務超過の場合には、相続放棄ないし限定承認がなされるものと思われます。

相続財産が不動産や株式の場合、その評価がわからなければ債務超過であるか否かが判断できない場合もあります。この場合の相続財産の評価は、いくらで実際に換価処分できるのか、いわゆる時価をもって評価すべきです。例えば、不動産と負債1,000万円が相続財産であった場合、不動産の固定資産税評価額が800万円であったとしても、実際に1,200万円で売却可能であれば、相続放棄ではなく単純承認をして不動産を相続して売却し、負債との差額を得たほうがよい場合もあります。あるいは限定承認をして、競売による換価処分をした後に、余剰を受け取れる可能性もあります。

Q2 相続税の評価との違い

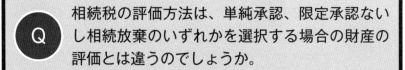

Q 相続税の評価方法は、単純承認、限定承認ないし相続放棄のいずれかを選択する場合の財産の評価とは違うのでしょうか。

A 相続税を計算するための財産の評価も、その財産を相続したときの「時価」によるとされていますが、実際に換価処分した場合の時価とは異なります。

解　説

　相続や遺贈により財産を取得した場合、その財産の価格の合計が基礎控除額を超える場合、相続税の課税がなされます。

　相続税法22条は、相続財産の価格は特別に定める場合を除き、その取得した時の時価、すなわち、相続開始時（被相続人死亡時）の時価によるべきとしています。

　時価とは、本来不特定多数の当事者間で自由な取引が行われるなかで認められる価値ですが、相続税の課税においては、課税実務の迅速な処理や納税者間の公平等の見地から、財産評価基本通達によって財産ごとに定められた評価方法に従い算定することを原則としています。

　例えば、宅地は路線価方式または倍率方式で評価されますし、建物は固定資産税評価額によって評価されます。

　相続税の課税のための財産の評価は、実際に換価処分した場合の価格とは異なるため、これを基準に単純承認、限定承認ないし相続放棄のいずれかを選択することは適切ではありません。

第5章　判断のメルクマール　57

Q3 鑑定方法と鑑定人の選定方法

> **Q** 単純承認、限定承認ないし相続放棄のいずれかを選択するために財産を評価する方法を教えてください。
>
> **A** 鑑定を依頼することが考えられます。

解説

　単純承認、限定承認ないし相続放棄のいずれかを選択するにあたり、相続財産を適切に評価しなければならない場合があります。評価が問題となる財産として、不動産、株式のほか、自動車、絵画・骨董品、貴金属などの動産類が考えられます。

　不動産の場合、不動産業者による簡易査定などの利用、自動車や絵画・骨董品などについてもインターネットで必要な項目を入力して簡易査定をすることは不可能ではありません。ただ、あくまで簡易的な査定であり、責任の所在も不明確で正確性を欠く場合があるため注意が必要です。

　不動産については、不動産鑑定士による鑑定を依頼することも考えられます。不動産鑑定士とは、国家資格に基づき不動産の鑑定を業務として行う者で、依頼に応じて鑑定評価書を作成し、不動産の評価を行います。仮に不当な鑑定評価をした場合などには国土交通大臣から懲戒処分を受ける可能性もあるため、不動産鑑定士が作成する鑑定評価書は、一定の担保がなされたものとして評価できます。

　限定承認をした場合であって、相続人が相続財産を買い受けたい

場合、家庭裁判所が選任した鑑定人の評価を得る必要があります（民法932条但書）。不動産鑑定士を選ぶ場合には、家庭裁判所から鑑定人として選任された経験があるなどの実務経験の有無を判断材料にしたほうがよいといえます。株式や、不動産以外の動産類について評価を依頼する際にも同様です。

Q4 評価の時期と処分の時期

> **Q** 単純承認、限定承認ないし相続放棄のいずれかを選択するために、財産を評価する際に注意すべきことはあるでしょうか。
>
> **A** 財産を評価する時期と処分する時期には、タイムラグがあり、評価に差があることを意識すべきです。

解　説

　単純承認、限定承認ないし相続放棄の選択は、自己のため相続開始があったことを知った時から３か月（熟慮期間）以内になす必要があります。熟慮期間は伸長することもできますが、伸長の可否や期間は、家庭裁判所が認める範囲に限られます（民法915条１項）。

　相続財産中に、負債がある一方で、不動産や株式など評価が必要な財産が遺されている場合、財産を評価しなければ単純承認、限定承認ないし相続放棄のいずれかを選択すべきか判断できない場合もあります。その場合の評価は、必然的に熟慮期間中の時価評価となりますが、その後に売却した場合に必ずしも事前の時価評価額で売却できるとは限りません。

第５章　判断のメルクマール　59

例えば、相続財産に株式があり、熟慮期間中の評価では売却すれば相続債務を弁済するに足りると見込んで単純承認をしたが、その後株価が暴落して、売却しても相続債務を弁済しきれない場合もあり得ます。限定承認であれば、相続によって得た財産の限度において相続債務を弁済することになりますが、見込んでいた余剰が生じないこともあり得ます。

　単純承認、限定承認ないし相続放棄のいずれかを選択する際には、相続財産中、評価が必要な財産（不動産、株式、動産など）と評価が不要な現預金がどのくらいあるか、何でどの程度の負債を弁済できるのか、処分時の評価と乖離があっても不利益を被ることがないか否かなど、可能な限り慎重に検討し判断すべきです。

Q5　相続税が支払えない場合

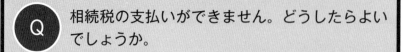

Q　相続税の支払いができません。どうしたらよいでしょうか。

A　延納や物納の制度があります。

解説

　単純承認あるいは限定承認をした場合、相続税の申告をして、一定の場合に相続税を納付する義務が生じます。相続税は、金銭で期限までに一括納付することが原則ですが、相続財産の大半を自宅不動産が占め、容易に換価できない場合など、納税資金に窮する場合もあります。

期限までに一括納付ができない場合の対応策として、延納と物納の制度があります。

　延納は、相続税を年払いの方法で納付する制度です。相続税額が10万円を超える場合であり、金銭で納付することが困難な事由がある場合に、許可限度額の範囲内において認められます。延納の申請は、相続税の納期限までに行う必要があり、その際には、延納税額と利子税の額に相当する担保を提供しなければなりません。延納が認められる期間は、相続税の計算の基礎となった財産の価格の合計額に占める不動産等の価格の割合によって異なります。

　延納によっても金銭で相続税を納付することが困難な事由がある場合、納税者の申請により困難な金額を限度として、一定の相続財産による納付ができます。これを物納といいます。物納できる財産は、相続財産のうち、日本国内に所在する財産であり、不動産、有価証券、動産ですが、順位が決められています。また、物納に不適格な財産（管理処分不適格財産）も決められています。

　延納・物納とも、実際の手続きは簡単ではないので、専門家の相談を受けたほうがよいです。

コラム　限定承認手続の留意点①

○方針の決定

　筆者の経験から、限定承認手続の留意点を挙げます。

　相続が開始すると、相続人は、自己のために相続の開始があったことを知ったときから３か月以内に、単純承認もしくは限定承認または相続放棄をしなければなりません（民法915条１項）。

　限定承認は、相続財産の限度においてのみ被相続人の債務及び遺贈を弁済することになります（同922条）。そして、限定承認は、相続人が数人あるときは全員が共同でしなければならないほか（同923条）、家庭裁判所が相続人のなかから選任した清算人が相続財産の管理及び債務の弁済に必要な一切な行為をする必要があります（同936条２項）。限定承認は、各相続人が自由に選択できる単純承認や相続放棄に比して、手続きが煩瑣であり、限定承認者（または清算人）に責任が生ずることから、果たして本当に限定承認を選択する必要があるかにつき、相続人とともに十分な検討が必要となります。

　限定承認が用いられる場合として、例えば、相続財産を超える相続債務があるものの、相続人が相続財産である不動産に住み続けることを希望する場合、家庭裁判所が選任した鑑定人の評価に従い当該不動産の価額を弁済（以下、「先買権」という。同932条但書）して、住み続けるような場合が挙げられます。このほか、相続財産は把握できるものの相続財務の有無及び金額が判然としない場合に単純承認を行うと、相続財産の範囲を超えて相続債務を負担するおそれが生じますが、限定承認を行うことで、ひとまずはすでに知れている債権者及び公告に応じた者を債権者として扱えば足りるため、相続債権者の概要を把握する場合も挙げられます（なお、公告に応じなかった債権者については、残余財産についてのみ権利行使することが可能です（同935条））。

第6章

熟慮期間

Q1 「知った時」とは

 熟慮期間の起算点となる「自己のために相続の開始があったことを知った時」とは、具体的にどういった場合でしょうか。

 原則として、被相続人の死亡したことを知り、自己が相続人となった事実を知った時ですが、判例の解釈によりいわゆる熟慮期間の繰下げがなされています。

解説

相続人は、「自己のために相続の開始があったことを知った時から3箇月以内」に、相続について、単純もしくは限定の承認または放棄をしなければならないとされています（民法915条1項本文）。この3か月の期間を「熟慮期間」といいます。

熟慮期間の起算点となる「相続開始があったことを知った時」とは、相続人が相続開始の原因たる事実の発生、すなわち被相続人が死亡をしたことを知っただけではなく、これにより自己が相続人になった事実を知った時から起算されます。先順位の相続人がいると誤信していた場合（仙台高決昭59・11・9）や、先順位の相続人が相続放棄をしたことを知らなかった場合（神戸地判昭62・11・17）には自己が相続人になった事実を知らなかったものとして、熟慮期間が進行しない場合もあります。

上記のとおり、原則として、被相続人が死亡したことを知り、自己が相続人になった事実を知った時には熟慮期間が始まることになりますが、何らかの事情により被相続人に相続財産が全くないと考

えていて、相続放棄の手続きをとらず熟慮期間が経過してしまったような場合、後に相続債権者から請求を受け、相続人が思わぬ負担を求められる場合があります。

○最高裁判例の紹介

このような場合の熟慮期間の起算点につき判断を示した最高裁判所の判例（昭和59年4月27日）があります。

被相続人に対する連帯保証債務の履行を求める判決が言い渡されたところ、送達前に被相続人が死亡し熟慮期間を経過してから相続人らに判決が送達され、相続人らが被相続人の連帯保証債務の存在を認識した事案について、最高裁判所は、熟慮期間は原則として、相続人が相続開始の原因たる事実及びこれにより自己が相続人となった事実を知った時から起算するものとしつつ、相続人がこれら事実を知っていたとしても、被相続人に相続財産が全くないと信じ、かつ、相続人においてそのように信じるにつき相当な理由がある場合には、相続人が相続財産の全部または一部の存在を認識した時または通常これを認識しうべき時から熟慮期間を起算することが相当であると判断しました。

上記最高裁判例では、被相続人の生活歴、被相続人と相続人間の交際状況その他諸般の事情が具体的に検討されており、被相続人と子である相続人間の親子間の交渉が全く途絶えてから約10年以上も経過したのちに被相続人が連帯保証債務を負担していること、このことにつき相続人らが知る由もなかったことや、被相続人は生前、生活保護を受けながら生活をしており、他に相続すべき積極財産がなかったことから、相続人らにおいて相続に関し、何らかの手続きを取る必要があるとは全く念頭になく、それから1年を経過した後に判決の送達を受け、被相続人に連帯保証債務があったことを知ったという事情が考慮されています。

その後、上記最高裁判例の枠組みを前提とし、債務の認識を欠いたことにつき相当な理由があったかどうかについて判断がなされるようになっています（東京高決平19・8・10など）。

Q2　延長はどこまでできるか

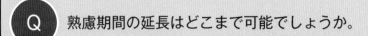

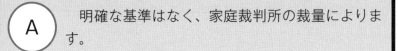

　Q　熟慮期間の延長はどこまで可能でしょうか。

　A　明確な基準はなく、家庭裁判所の裁量によります。

解　説

　熟慮期間は、利害関係人または検察官の請求によって、家庭裁判所において伸長することができます（民法915条1項但書）。
　熟慮期間伸長の請求にあたっては、本来の熟慮期間中に相続財産の有無や内容の調査を終えることができない合理的理由が必要です。例えば、被相続人と相続人の関係が疎遠であって相続財産の内容が不明瞭である、相続財産の内容が複雑である、相続人や遺産が各地に分散しているなど、調査に時間を要することを説明する必要があります。伸長の請求は、熟慮期間内に行う必要があります。
　裁判例（大阪高決昭50・6・25）では、限定承認のため期間の伸長の申立てがなされた事案につき、相続人が複数あるときは、限定承認は相続人全員が共同してのみ行うことができること（同923条）、限定承認をするには、熟慮期間内に財産目録を作成して家庭裁判所に提出する必要があること（同924条）を踏まえ、その伸長の判断

をするには「相続財産の構成の複雑性、所在地、相続人の海外や遠隔地所在などの状況のみならず、相続財産の積極、消極財産の存在、限定承認をするについての共同相続人全員の協議期間並びに財産目録の調整期間などを考慮して審理する」としています。

伸長された期間が経過する前に、再度やそれ以上の複数回の伸長を求めることも可能です。被相続人が貸金債権を有しているとの話を聞かされていたが、確たる証拠がなく、債務者の海外の住所地まで訪問をして調査したような場合で、5回の伸長が認められ、通算約1年3か月の伸長となった事案（東京地決令4・3・15）もあります。

期間伸長の申立書は、**第15章【書式4】**（229ページ）を参照してください。

Q3 熟慮期間中の管理

> **Q** 熟慮期間中、相続財産はどのように管理しなければならないのでしょうか。
>
> **A** 善管注意義務よりは軽減されていますが、「固有財産におけるのと同一の注意」をもって管理する必要があります。

解 説

相続人は、相続の承認または放棄をするまでの間、相続債権者や債務者のために「固有財産におけるのと同一の注意」をもって、相続財産を管理する必要があります（民法918条）。善管注意義務（同400条）よりも軽減されたものといえますが、義務を怠って相続財

第6章 熟慮期間 67

産に損害を生じさせた場合には、損害賠償義務を負うことになります。

　管理行為とは、一般に利用、保存、改良行為を指します。修繕、補修、腐敗しやすい物の破棄などの事実行為ほか、権利を保全するための時効中断措置は保存行為といえます。

　ところで、相続人が「相続財産の全部又は一部を処分したとき」には、民法921条1号により単純承認をしたものとみなされます（法定単純承認）。判例によると、被相続人が締結した不動産の代物弁済予約の実行（大判昭12・1・30）、被相続人が有していた債権を取り立てて受領する行為（最判昭37・6・21）、相続人が被相続人が経営していた会社につき相続人保有株主権を行使して取締役に選任されたこと、被相続人所有の不動産の賃料の振込先の口座名義を相続人に変更したこと（東京地決平10・4・24）などは処分行為であり、法定単純承認にあたるとされています。相続放棄を検討している際には注意が必要です。

熟慮期間と税務申告期限・準確定申告

> **Q** 熟慮期間中に相続税や準確定申告の期限が到来してしまった場合、どうすればよいでしょうか。
>
> **A** 速やかに申告をする必要があります。期限後の申告では延滞税が加算される可能性があります。

解 説

　相続が発生した場合に申告が必要となるものに、相続税と所得税
（準確定申告）があります。

　相続税の申告期限は「その相続の開始があったことを知った日の
翌日から10月以内」とされています（相続税法27条１項）。また、
準確定申告の申告期限は「相続開始があったことを知った日の翌日
から４月を経過した日の前日まで」に行うこととされています（所
得税法125条）。

　熟慮期間は、原則として、被相続人が死亡したことを知り、自己
が相続人になった事実を知った時から３か月です。通常は相続税や
準確定申告期限の経過前に、単純承認か限定承認あるいは相続放棄
をすることになります。単純承認した場合には、相続人として相続
税の申告をすることはもとより、準確定申告も期限内に行う必要が
あります。限定承認をした場合にも、条件付きで相続をすることに
なるので、相続税の申告と準確定申告が必要となります。相続放棄
をした場合には、その相続に関しては、初めから相続人とならなか
かったものとみなされますので（民法939条）、相続人としての相続
税の申告や準確定申告をする必要はありません。

　熟慮期間を伸長した場合など、熟慮期間中に申告期間が経過して
しまう可能性があります。特に準確定申告期間は４か月と短いため
注意が必要です。準確定申告について期間を延長するという制度は
ありませんので、準確定申告を期限内に行わなければ無申告加算税
や延滞税が加算される可能性があります。

Q5 再転相続の場合

被相続人甲の相続人乙が甲の相続につき承認または放棄をしないで死亡した場合、乙の相続人丙は相続放棄ができるでしょうか。また、いつまでに放棄すればよいでしょうか。

原則として、丙が乙のために被相続人甲からの相続が開始したことを知った時から3か月が熟慮期間となり、その間に相続放棄をする必要があります。

解説

被相続人甲の相続人乙が、甲の相続につき承認または放棄をしないで死亡した場合、乙の相続人丙は甲の相続につき放棄または承認をする地位も含めて、乙を相続することになります。この場合の乙から丙の相続を再転相続といいます。

民法916条は、再転相続した丙が、甲の相続につき承認または放棄をする熟慮期間の起算点につき、「自己のために相続の開始があったことを知った時」から起算すると定めています。「自己のために相続の開始があったことを知った時」の解釈について、最高裁判例令和元年8月9日は、「民法916条にいう『その者の相続人が自己のために相続の開始があったことを知った時』とは、相続の承認又は放棄をしないで死亡した者の相続人（丙）が、当該死亡した者（乙）からの相続により、当該死亡した者（乙）が承認又は放棄をしなかった相続（甲）における相続人の地位を、自己が承継した事実を知った時をいうものと解すべきである」と判断しました。

また、その後に続く裁判例（東京地判令元・9・5）では、再転相続

70

人の熟慮期間の起算点について、再転相続人が、第一次相続の開始を知った場合でも、第一次相続の被相続人について「相続財産がないものと信じていたために相続放棄をしなかったこと及び相続財産がないと信じたことについて相当な理由があるときには、相続人が相続財産の全部又は一部の存在を認識した時又は通常これを認識しうべき時から熟慮期間を起算することが相当である」と判断しています。

Q6 限定承認却下後の相続放棄の可否

Q 限定承認の申述受理申立が却下されましたが、相続放棄をすることはできるでしょうか。

A 相続放棄することは可能ですが、熟慮期間内に行う必要があります。

解 説

　相続人が数人あるときは、限定承認は、共同相続人の全員が共同してのみこれをすることができます（民法923条）。共同相続人のうち、1人でも限定承認する意思がなかった場合には、他の共同相続人らが行った限定承認の申述受理申立ては却下されることになります。

　限定承認の申述受理申立が却下されたのが熟慮期間経過前であれば、改めて相続放棄をすることは可能です。では、熟慮期間経過後に却下された場合、相続放棄をすることはできないのでしょうか。

　限定承認の申述申立をし、共同相続人の1人の意思を欠き却下さ

第6章　熟慮期間　71

れたが、その後相続財産につき破産宣告を受けたことにより相続債務の負担を免れたと考えていたところ、相続債権者である国税局から滞納税額徴収のため差押処分等がなされ、処分取消訴訟を提起したものの敗訴したため相続放棄の申述をした事案につき、相続放棄の熟慮期間を経過しているものとして、相続放棄の申述を無効と判断しました（大阪高判昭63・7・29）。この事案では、最高裁判例（昭59・4・27）の判断基準に従い、相続人は限定承認の申述をした時点で被相続人の相続財産の詳細を認識していたものであり、限定承認却下決定後すみやかに相続放棄の申述をしなかったことに相当性はないとした上で、熟慮期間につき「限定承認却下の直後（最大同日から3か月）か、遅くとも国税不服審判所長の裁決書謄本の交付を受けたとき」から進行するとして、熟慮期間を最大限繰り延べたものと解されます。

第7章

調査方法

　相続人は、相続の承認または放棄をする前に相続
財産の調査をすることができます（民法915条2
項）。本章では、相続財産の調査方法を紹介します。

Q1 遺言書がある場合

Q 遺言書がある場合には、どのように相続財産を調査しますか。

A 財産目録が手がかりになることがあります。

解説

最も安価に作成することのできる自筆証書遺言（民法968条1項）では、遺言の全文等は自書することが要件となっていますが、財産目録については自書する必要はなく（同条2項）、パソコンでの作成も認められています。これにより被相続人は財産目録の作成が容易となり、被相続人が遺言書を作成していた場合、財産目録が添付され遺言書作成当時の財産の一覧が記載されていることがあります。この財産目録は、相続財産の調査の手がかりとなりますが、記載漏れがないとは限りませんので個別の調査を推奨します。

自筆証書遺言以外にも公正証書遺言などいくつかの種類がありますが、「すべてを〇〇に相続させる」のような目録のないものや、逆に作成日が古すぎて目録に記載してある財産が現実には存在しない場合もあります。したがって、結局は、生前の仕事や生活環境、あるいは死後送られてくる郵便物、近所の金融機関に対する問合せなどが必要になる場合が多くあります。

また、遺言書には、プラスの財産は記載されていますが、マイナスの負債が抜けていることがあります。少なくとも、不動産を有している場合に、登記簿謄本に担保が設定されていないかを確認する

必要があります。

　ちなみに、遺言書はなくても、いわゆる終活活動がされ、生前に目録ができている場合もあり、その場合には上記と同様な調査をすることとなります。

　なお、3か月の熟慮期間中に調査を行うことが難しい場合、家庭裁判所に申請することで、期間を伸長することができます（同915条1項）。

Q2　疎遠であった親族の場合

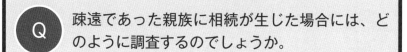

Q　疎遠であった親族に相続が生じた場合には、どのように調査するのでしょうか。

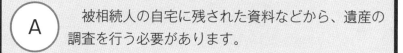

A　被相続人の自宅に残された資料などから、遺産の調査を行う必要があります。

解　説

　被相続人が疎遠であった親族である場合には、生前の交流がないため、どのような財産を持っているかはわからないことが通常です。そのため、被相続人の自宅に残された資料（財産目録や通帳、登記簿謄本）などから、遺産の調査を行う必要があります。

　この場合、まずは、いわゆる家捜しから始まります。例えば、金庫があるような家であれば金庫の解錠から始まりますが、もし鍵がなければ、解錠業者に依頼することとなります。ただ、解錠しても何も出てこない場合もあります。金庫がない場合には、仏壇の引出しや箪笥などの財産をしまっていそうな場所の調査となります。

第7章　調査方法　75

個人の財布も確認が必要です。日頃利用している金融機関のキャッシュカードから、支店、口座番号の情報が得られます。また、利用しているクレジットカードからも引落口座の情報や、利用明細の取得により負債を把握することができます。

近時の問題は、ペーパーレス化により紙の通帳や支払いの請求書がなくなっていることです。これらは、携帯電話やパソコンの中に情報があるのですが、パスワードがわからないと確認できません。

Q3 先順位者が相続放棄をした場合

> **Q** 先順位者が相続放棄をした場合には、どのように調査するのでしょうか。
>
> **A** 　先順位者が裁判所に提出した申述書が手がかりになることがあります。

解　説

先順位者が放棄した場合、先順位者は、家庭裁判所において相続放棄の申述手続をしたということになります。相続放棄申述書の中には、「相続財産の概略」を記載する欄があるので、調査の手がかりとなります。また、先順位者は相続財産の調査をしていると思われますので、必要に応じて先順位者に問い合わせることも検討すべきです。

ここでポイントとなるのは、相続放棄をした理由です。「相続したくない」とか「被相続人が嫌い」のような主観的理由はポイントとなりませんが、「負債が多い」という客観的な財産価値からの理

由の場合、あえて調査するまでもなく相続放棄をしてよいでしょう。逆に、「財産がわからない」のような理由の場合は、調査してもよいでしょう。

　一般的には、先順位が放棄した場合、金融機関などから債務を支払えという請求が来てから相続放棄の検討に入ることが多く見られ、調査に無駄な労力をかけるよりは先順位と同様に相続放棄の判断をした例が多いです。実際の裁判例でも、「相続の開始を知った時」の解釈が争われた事案の多くは先順位が相続放棄をしたものです。

Q4　探偵への依頼

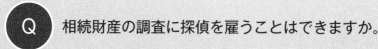

相続財産の調査に探偵を雇うことはできますか。

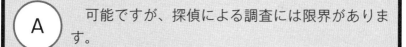

可能ですが、探偵による調査には限界があります。

解　説

　自ら遺産の調査を行うことが難しい場合、探偵に依頼して遺産の調査を行う場合があります。ただ、法律に基づく一定の調査権限を持つ弁護士とは異なり、探偵は法律上の調査権限を持っていません。そのため、探偵による調査には、限界があるといえます。

　探偵によっては、「財産調査はお任せください」のような宣伝をしている人がいます。確かに一般の人が調査するよりは、調査するポイントを押さえているので、財産が見つかる可能性は高いです。

第7章　調査方法　77

ただし、探偵は無料ではないので費用対効果の観点から、調査費用と見つかる可能性のある財産の価値との比較から探偵を依頼するか否かを判断しましょう。

また、費用は掛かりますが、行動範囲という点では日常仕事で出歩けない人よりは行動範囲が広いので、特に被相続人が遠隔地の人の場合は探偵を使う意味があるかもしれません。ただ、相続人であれば郵便等により各種書類を取り寄せることは可能ですので、それ以外のいわゆる書画骨董等の動産の調査には意味があるといえます。

Q5 債務の調査

> **Q** 債務の調査は必要ですか。また、どのように調査するのでしょうか。
>
> **A** 債務の調査の必要であり、契約書等から調査します。

解 説

相続によって、正の財産とともに負の財産も承継されることとなります。被相続人は、財産だけでなく負債を残している場合があり、被相続人が死亡して返済が滞ることにより、債権者から被相続人宛に連絡が来て、負債の存在が発覚することが多いものと思われます。また、被相続人が連帯保証債務を負っている場合もありますので、被相続人が保管していた契約書などを探索しましょう。

債務の調査の一環として、被相続人の信用情報の調査がありま

す。これはつまり、信用情報機関に対する開示請求を行います。被相続人の金融機関からの借入れの有無は、信用情報機関が信用情報として管理しているため、同機関に対して情報開示請求をすることで調査することができます。

　借入先によって信用情報を管理する機関が異なるため注意が必要です。例えば、銀行からの借入は一般社団法人全国銀行協会が、クレジット会社からの借入は株式会社 CIC が、消費者金融系からの借入は株式会社日本信用情報機構が管理しています。

Q6　デジタル系の調査

> **Q** 被相続人のスマートフォンの解読はどのように行うのでしょうか。
>
> **A** 　パスワード等が不明である場合には、解読不可能となる場合もあります。

解　説

　スマートフォンは現代社会においてなくてはならないツールであると同時に、被相続人の財産などの情報を記録する重要な媒体です。しかし、被相続人はスマートフォンをパスワードなどでロックしていることが多く、パスワード等がわからなければ、被相続人の財産などの情報を得るためにスマートフォンを開くことすらできません。

　そのため、生前からパスワードなどを被相続人から確認しておいたり、そもそもパスワードロック自体を解除しておいたりするなど

第7章　調査方法　79

の対策が必要です。そのような対策をしていなかった場合、スマートフォンのロックを解除するためには、通信キャリアやメーカーに相談して対応をしてもらうほかありませんが、確実にロックが解除できるかは不透明です。

なお、スマートフォンの機種によっては、ロック解除のためのパスワードを数回間違えるとスマートフォン内のデータが削除される仕様になっているものがあります。パスワードが不明である場合には、やみくもにロック解除を試みず、通信キャリアやメーカーへの相談をすべきです。なお、パソコンでも同様の問題があります。

Q7 相続財産の調査事項

Q 相続財産とすべき具体的な財産は何ですか。

A 基本的には換価可能性のあるものすべてです。

解説

以下の記載は、調査事項の例示であり、当該財産権によっては必要となる調査事項が増える場合や異なる場合があることに留意が必要です。

1 相続人の範囲の調査事項

財産は人に帰属するものなので、まず、相続人の確定が必要で

す。
① 被相続人の出生から死亡に至るまでの間の戸（除）籍謄本
② 各相続人の戸籍謄本及び住民票等

2　現金・預貯金・有価証券等の調査事項

(1)　現金・預貯金

① 預貯金通帳または取引履歴の有無
② 預貯金残高証明書（相続開始日のもの）
③ 定期預金証書
　∵名義預金の有無を調査します。
④ 利息計算書等
⑤ 貸金庫
　∵利用の有無を調査します。
⑥ 確定申告書
　∵満期保険金、一時所得等の調査を行います。

(2)　有価証券

　有価証券には、上場・非上場株式、投資信託、国債、社債、FX取引等、様々な種類があり、単に有価証券を所有するか投資信託型か（ETF、NISA 等）があり、様々な所有方法があります。有価証券の有無は、被相続人と同居していた相続人等、被相続人の関係者から、生前の被相続人の運用等を十分に調査することが重要です。有価証券を所有していることが判明した後は、金融機関や証券会社、金融取引業者等に連絡をとり、所定の相続手続を経ることとなります。

　有価証券全般としては、以下の①～③の調査が考えられます。

第7章　調査方法　81

① 有価証券の取引明細書等の有無
② 預金通帳
　∵有価証券の利子・配当金の入金の有無を調査
③ 確定申告書、贈与税申告書、相続税申告書の控え等
　∵株式の譲渡等の有無を調査します。

ア　上場株式
　上記①〜③の調査に加えて、特に定期的に証券会社から送られてくる取引明細や残高報告書、特定口座年間取引報告書等を調査する必要があります。
イ　非上場株式
　上記①〜③等の調査を行い、被相続人が、非上場株式を保有しているかの調査が最重要です。
　非上場株式を保有していることが判明した場合は、当該会社の株主名簿や申告書等で被相続人の株式の保有率を調査する必要があります。
ウ　国債（地方債）
　上記①〜③の調査のなかで、特に国債等公共債預り兼振替決済口座（通帳）等の有無の調査が重要です。
エ　社債
　上記①〜③の調査のなかで、特に当座・普通預金口座に半期ごとに利息が入金されている債券総合口座や証券総合口座の有無の調査が重要です。
オ　FX取引（外国為替証拠金取引）
　上記①〜③の調査の結果、FX取引の口座が発見された場合では、多くのFX取引にレバレッジがかけられているところ、強制決済によって、相続人が予想外の金銭債務を負う可能性があることに留意が必要です。
　FX取引の地位が相続財産に含まれる場合には、相続を承認す

るか限定承認するか放棄するかについて、慎重な判断が求められます。

3　デジタル遺産の調査事項(ネット銀行・暗号資産等)

デジタル遺産は、基本的には被相続人が生前利用していたパソコンやスマートフォン等に保存されているデータを調査する必要があります。

まず、パソコン（ハードディスク等の媒体）やスマートフォン、USBメモリー等は、それら自体は端末という動産に該当するため、民法上は動産として、相続財産の対象となります。これら動産自体は、所有権が相続人に帰属するため、物理的には権利上の制約はありません。しかし、パスワード等による事実上の利用・制御の制約があり得るところ、そもそもパソコンやスマートフォン等が利用できない可能性があること、及び、端末内部のデータが調査できないおそれがあることに留意が必要です。

この点、パソコン・スマートフォンのパスワード等による制約を解除するための手段としては、次の手段が考えられます。いずれの手段についても確実にパスワード等の解除ができるとはいえず、あくまで調査事項の例示として、そのデメリットも含め紹介します。

① 被相続人のパスワードが書かれたメモ等を探す
② 被相続人のパスワードを予測する
　※端末によっては、複数回パスワードの入力に失敗すると、自動的に端末が初期化される仕様のものもあるため、慎重な対応が必要です。
③ パスワード解析ソフト・アプリによる解除を検討する
　※各端末に適した当該ソフトやアプリを使用しても、パスワードの解除ができない場合があります。
④ パスワードの解除を請け負う業者に依頼する

第7章　調査方法　83

※業者に依頼する場合でも、確実に解除される保証はなく、また、納期に時間がかかる場合があります。

　なお、端末内に保存されたデータについては、ネット銀行・証券、暗号資産、電子マネー等のインターネットを経由したサービスによって生じる財産等が存在する可能性があるところ、各財産について、所定の相続に関する手続を調査の上、当該手続きを経ないと相続ができない場合があることにも留意が必要となります。
　以下では、代表的なデジタル遺産の調査や注意事項を紹介します。

(1)　ネット銀行・ネット証券口座の調査方法

①　パソコン・スマートフォン等のデータ内部のメールや検索エンジンのお気に入り、検索履歴等を調査
（※データを確認できる場合）
②　口座開設資料、金融機関や証券会社からの書面を調査
③　預金通帳を確認し、ネット銀行や証券口座との取引履歴を調査
④　（ネット証券に関し）証券保管振替機構へ問合せ

(2)　暗号資産

　暗号資産とは、①商品やサービスの対価として、不特定の者に対して弁済に使用することができ、②不特定の者を相手方として交換、購入及び売却を行うことができる財産的価値で、③電子情報処理組織を用いて移転することができるものをいいます（資金決済法２条14号参照）。
　暗号資産の例として、ビットコイン（BTC）やイーサリアム

（ETH）等があります。

　暗号資産の取引は、電子情報処理組織（パソコンやスマートフォン等）を用いて行うため、被相続人のスマートフォンやパソコンのデータを確認しないと、取引履歴の把握が難しい場合も考えられますが、暗号資産の有無の調査は、基本的には、下記の事項を行うことを提案します。

① 取引所（暗号資産交換業者）からの郵便物・メール
② 預貯金口座から取引所への送金・入金履歴
③ 暗号資産取引に関するアプリ（Coincheck 等）の調査
④ Web ブラウザの履歴

(3) NFT（非代替トークン）

　NFT は、ブロックチェーン技術を利用したデジタルデータであり、暗号資産と異なり非代替性を有します。NFT は昨今急速に発展した市場であり、法整備が追い付いていないところ、被相続人がNFT を保有していた場合、相続発生時のルールや法制度に則り相続の対象や権利関係を検討する必要があります。

　直接取引が行われることもありますが、NFT マーケットプレイスで行われることが多いです。また、デジタル資産なので、NFTの所有の有無を調査するには被相続人のパソコンやスマートフォンのデータを確認する必要性が高いです。

　NFT の有無の調査事項に関し、NFT マーケットプレイスを利用した取引については、当該取引所との取引履歴を調査し、各取引所の担当者等と連絡・協議等を行います。個人間の NFT 取引については、適宜、被相続人の関係者等から、取引履歴を突き止める必要があります。

⑷ 電子マネー

① 交通系

交通系電子マネー（例えば、「Suica」）には、IC カード型のものとモバイル型のものがあります。

前者については所定の手続きにより払戻しをすることができ、後者については会員死亡時点で退会したものとみなされ、相続人による所定手続きにより払戻しがされます。

有無については、IC カードの有無を調査します。他方、後者の有無は、モバイル型交通系電子マネーはスマートフォンに当該アプリケーションを入れて、利用することが一般的と考えられるところ、被相続人が生前利用していたスマートフォンのデータやアカウントの調査が必要となります。

② 流通系

スマートフォンのデータや IC カードの有無を調査します。

例えば、大手流通系電子マネーである WAON は、利用者が死亡した時点でサービス終了となり、WAON 残高については残高確定後に返金、ポイントについては失効となります。また、nanaco については、規約上利用者の死亡によりサービス終了または会員資格喪失となる規定はなく、相続財産に含まれると解されます。

このように、被相続人が利用していた電子マネーごとに相続手続が異なる可能性があるため、各流通系電子マネーのサービス提供会社に問合せが必要です。

③ クレジット系

スマートフォンのデータや携帯利用料金の明細、クレジットカード会社からの郵便の有無を調査し、被相続人が当該クレジットのサービスを利用していたかを調査します。

クレジット系電子マネーには、プリペイド型、デビット型、ポ

ストペイ型があります。

　プリペイド型については、上記電子マネーの①・②と同様の取扱いがされます。デビット型は、利用とともに口座残高が減少するものですので、相続の対象となるものは存在しません。ポストペイ型は、クレジットカードと紐づけられ、利用するとクレジットカードを利用した場合と同様の効果が生じますので、相続人は支払債務を相続することとなります。

4　不動産の調査事項

(1)　土　地

①　土地所在地等の調査事項の例示

　基本的には、ⅰ固定資産税納税通知書（または名寄帳）を調査したら、当該土地の地番を把握でき、その地番のⅱ登記事項証明書を入手する流れとなります。ⅰの資料を入手できない場合には、当該土地の住所表示とⅴブルーマップを照らし合わせ、地番を把握する調査手法もあります。

ⅰ　固定資産税納税通知書（または名寄帳）

ⅱ　登記事項証明書（土地）

ⅲ　不動産権利書

ⅳ　公図

ⅴ　ブルーマップ

ⅵ　航空写真

ⅶ　現地の写真

②　土地の評価額に必要な調査事項の例示

ⅰ　地積測量図

ⅱ　路線価図

ⅲ　都市計画図

iv　道路台帳図面

　　v　道路種別図

　　vi　現地の写真

(2) 建物（家屋）等の調査事項

① 固定資産税納税通知書（または名寄帳）

② 登記事項証明書

③ 固定資産評価証明書

　※未登記建物や増改築建物がある場合には、固定資産課税台帳
　を調査し、登録されている未登記建物や増改築建物を把握し
　ます。

④ 公図

⑤ 建物図面

⑥ 住宅地図

⑦ 建築確認申請書（※可能なら調査）

⑧ 建物請負契約書（※可能なら調査）

⑨ 都市計画図

⑩ 現地の写真

⑪ 航空写真

⑫ 各契約書の調査

　※建物賃貸借契約書やマンション管理規約等

(3) 海外不動産

　当該不動産の所在地の法律に従った相続手続を行う必要がありま
す。調査事項として、下記の①～③の点を検討します。

① 日本の裁判管轄の有無

② 不動産の名義変更等で、どこの国の法律が適用されるかを調査

③　事案ごとに適切な相続方法を検討

　例えば、渉外不動産を処分して現金化した上で、日本に送金して遺産分割を行うのか、または、所在地の国において、遺産分割の手続を行い、その結果を相続人間で調整するのか、それとも、その国の遺産分割手続に委ねるのかといった方法が考えられますが、個別具体的に相続方法を選択することになります。

5　動産の調査事項

(1)　事業用財産

①　決算書（課税直前年）
②　減価償却内訳明細書
③　償却資産申告書（課税直前年）
④　総勘定元帳

(2)　家庭用財産

①　先代の相続税申告書（家庭用財産の確認）
②　領収書、保証書、説明書等の調査
③　預金通帳（金銭の流れを確認）

(3)　自動車

①　購入時の書類
②　車検証
③　自動車税納税書

(4) 貴金属

① 購入時の鑑定書
② 領収書
③ 預金通帳

(5) 書画・骨董品

① 美術年鑑
② 由緒のわかる資料
③ 鉄砲刀剣類登録証

(6) パソコン・スマートフォン等

　パソコン（特にハードディスク等の媒体）やスマートフォン、USB メモリー等は、それら自体は端末という動産に該当するため、民法上は動産として相続財産の対象となります。

　これら動産自体は、所有権が相続人に帰属するため、物理的には権利上の制約はありません。しかし、第一に、パスワード等による事実上の利用・制御の制約があり得るところ、そもそもパソコンやスマートフォン等が利用できない可能性があること、及び、端末内部のデータが調査できないおそれがあることに留意が必要です。

　また、第二に、端末内に保存されたデータについては、ネット銀行・証券、暗号資産、電子マネー等のインターネットを経由したサービスによって生じる財産等が存在する可能性があるところ、各財産について、所定の相続に関する手続きを調査の上、当該手続きを経ないと相続ができない場合があることに留意が必要となります。

6　知的財産権

(1)　著作権（財産権）

① 　契約書の確認
② 　著作権の登録制度の利用の有無
③ 　所得税確定申告書の確認
　※著作者人格権は、相続財産ではありません（著作権法59条）。

(2)　特許権

① 　特許証の確認
② 　契約書の確認
　※実用新案権、商標権、意匠権も特許権と同様の調査を行います。

第8章

限定承認と相続放棄の
選択及び具体例

Q1 相続発生時の相続人の選択肢

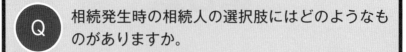

Q 相続発生時の相続人の選択肢にはどのようなものがありますか。

A 単純承認、限定承認、相続放棄の３つがあります。

解説

　相続人は、自己のために相続の開始があったことを知った時から３か月以内に、相続について単純もしくは限定の承認または放棄をしなければなりません（民法915条１項本文）。

　つまり、被相続人の死亡により相続が発生した場合、相続人の取りうる選択肢は、①単純承認、②限定承認、③相続放棄の３つがあることとなり、これを３か月の考慮期間（これを「熟慮期間」という）内に選択する必要があります。

　相続財産中に目立った債務がないのであれば、ほとんどのケースでは単純承認をすることとなるでしょう。熟慮期間を経過すれば単純承認をしたものとみなされますので（同921条２号）、これにより相続開始の時（被相続人の死亡時。同882条）から相続したことになります（同896条本文）。もし、共同相続人がいる場合で、法定相続とは別の内容で相続財産を分割するのであれば、単純承認後に共同相続人全員の協議により遺産を分割することになります（同907条）。

　相続財産中に目立った債務がある場合や債務額が明確ではない場合に単純承認をしてしまうと、債務も相続したことになる上、単純

94

承認後は限定承認や相続放棄ができなくなります。熟慮期間を有効に活用して、単純承認か限定承認か相続放棄かを選択すべきですので、相続人は熟慮期間中に単純承認とみなされる行為（例えば、相続財産の一部の隠匿や使用、処分など）を軽率に行わないよう注意が必要です。

Q2 相続放棄を選択する場合

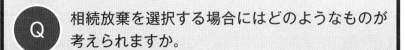

Q 相続放棄を選択する場合にはどのようなものが考えられますか。

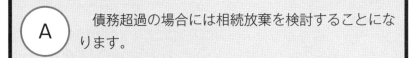

A 債務超過の場合には相続放棄を検討することになります。

解　説

　相続財産中に債務が存在する場合で、その債務も含めて引き継ぐのであれば、単純承認をすることになります。例えば、相続人の意思が自宅を手放したくないから、債務も含めて相続してその債務の弁済を相続後に行っても構わない場合です。

　しかし、債務超過となるような相続財産を承継したくない相続人もいるので、その場合には相続放棄を選択することが考えられます。相続の放棄をする場合には、熟慮期間内に相続を放棄する旨を家庭裁判所に申述しなければなりません（民法938条）ので、熟慮期間は債務の調査という点で重要な意味があります。相続放棄により、その相続については初めから相続人とならなかったものとみなされます（同939条）ので、初めから債務を承継しないことになり

第8章　限定承認と相続放棄の選択及び具体例　95

ます。

　もっとも、債務超過の場合だけでなく共同相続の場合に、財産を特定の１人の相続人に集中させるために相続放棄の制度が利用されることもあります。

　相続放棄申述書は、**第15章【書式５】**（231ページ）を参照してください。

Q3　限定承認を選択する場合

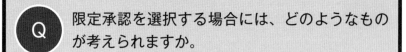

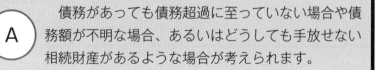

解　説

　相続財産中に債務があるが債務超過とはいえない場合、あるいは債務の総額が不明な場合には、相続によって得た財産の限度においてのみ被相続人の債務及び遺贈を弁済することを留保して相続を承認するという限定承認を選択することが考えられます（民法922条）。つまり、プラスの財産を限度としてマイナスの財産の弁済義務を引き継ぐというものです。

　これは、相続財産の一部や特定の相続財産を守りつつ、相続人に相続財産を超えるような過度な負担をさせないための制度といえます。これは相続財産の限度において弁済するという留保付の相続なので、相続において債務の全額が承継の対象となり、あくまでも相

続財産の限度でしか責任を負わないという制度となります（限定承認がなされた場合の給付判決は債務全額となると判示した東京地裁平2・11・9金融法務事情1317号31頁）。

限定承認の家事審判申立書は、**第15章【書式６】**（233ページ）を参照してください。

Q4　限定承認が有用なケース

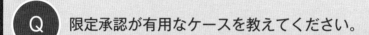

Q 限定承認が有用なケースを教えてください。

A 具体的には債務がある場合に、自宅不動産や事業用財産、知的財産権などの手放したくない財産があるときには有用な制度といえます。

解説

限定承認を選択する場合には、①相続財産のうち債務額が不明確な場合と②特定の財産や将来性のある資産を残したい場合があります。

①について、熟慮期間は決して長いものではないので、あとからプラスの財産が出てきたり、マイナスの財産が判明したりすることがあります。プラスの財産が多いとして単純承認した後にマイナスの財産が見つかるような場合であっても限定承認をしておけば弁済の責任はプラスの財産の限度内で済みます。また、マイナスが多くて債務超過と判断して相続放棄した後にプラスの財産が見つかったような場合、相続放棄の撤回は原則としてできませんので、限定承認をしておけばやはり弁済の責任は制限されます。

なお、限定承認の清算手続（家庭裁判所への申述、官報公告後の弁済手続）において、限定承認した相続人は「知れたる債権者（民法927条2項が準用する民法79条3項）」に催告すれば足り、相続債権者を調査の上催告する調査義務はないものとされています（東京地裁平13・2・16判時1753号78頁）。

②について、特定の財産を残したい場合として、相続人が居住している自宅などの不動産を残したいというときに不動産を残すために相続財産の限度で借金を弁済するという例があります。

また、特定の財産を残したい場合として、まず事業を引き継ぐような例もあります。事業の存続に不可欠な事業用の財産があり、相続人が事業を引き継ぎながら債務を圧縮させ、将来性のある資産を手元に残すという意味があります。

また、著作権や特許権など被相続人の知的財産権を承継したいような例があります。知的財産権はその保護期間は収益を生み出す可能性のあるものですし、特許の場合には事業の存続に不可欠な財産という場合もあるでしょう。

筆者の祖父も父親も音楽家でしたが、父は祖父の相当の借金を負いつつ、祖父の著作権を守るために相続人全員で限定承認を行い、限定承認後の遺産分割でその著作権を相続し借金を弁済したという実例があります。単なる金銭的な損得勘定だけでなく、家族としてどうしても守りたい特定の財産がある場合には限定承認を活用することは重要といえるでしょう。

Q5 限定承認と相続放棄の違い

 限定承認と相続放棄との違いは何ですか。

 大きな違いは、限定承認は相続人全員が行わなければならず、相続放棄は相続人が単独でできるという点にあります。

解説

　限定承認と相続放棄の手続き上の最大の相違は、限定承認の場合は相続人全員が熟慮期間内に家庭裁判所に対して申述することが必要である（民法923条）のに対して、相続放棄の場合は相続人が各自単独で申述できる（同938条）という点です。

　限定承認が債務を相続するといっても相続財産の範囲内に収まることや、散逸を避けたい財産（不動産や著作権など）を守ることができるというメリットがあるにもかかわらず、実務上それほど利用されていないのは手続きの煩雑さ、特に相続人全員が揃って家庭裁判所に申述しなければならない、という点にあると思われます。

　また、必要書類（特に財産目録の作成に時間が掛かることが多いといえます）の準備をした上で家庭裁判所に限定承認の申述を受理してもらい、官報で債権者への催告や不動産の換価手続を行い、公告期間満了後（2か月以上）に債務を弁済し、そこで残った相続財産を遺産分割したうえで税務処理として準確定申告が必要となるので、手続終了までかなりの時間が掛かります。

　このように限定承認は選択するかという判断も含めて相続人にとって負担となることが多いので、相続人全員が認識を共有した上

で弁護士や税理士などの専門家と相談しながら進めていくべきで
しょう。

第9章

法定単純承認

Q1 法定単純承認の類型

Q どのような場合に相続人が単純承認したものとみなされますか。

A 限定承認・相続放棄前に相続財産を処分した場合（民法921条1号）、熟慮期間内に限定承認・相続放棄をしなかった場合（同2号）、限定承認・相続放棄後に隠匿したり消費したり悪意により財産目録に記載しなかったりした場合（同3号）に相続人が単純承認したものとみなされます。

解　説

　相続人が単純承認したものとみなされる法定単純承認の場合として、民法921条は次の3類型を挙げています。

1　相続財産の処分

　相続人が相続財産の全部または一部を処分したとき、相続人は単純承認したものとみなされます（同921条1号本文）。その趣旨は、処分により黙示の単純承認を推認できること、及び第三者も単純承認があったと信じるのが当然であることによります（最判昭42・4・27、大判大9・12・17）。かかる趣旨に照らせば、「処分」は限定承認または相続の放棄の前にされたものに限られます（大判昭5・4・26）。また、処分時に相続人が相続開始の事実を知る必要があるかについては、相続人が自己のために相続が開始した事実を知りながら相続財産を処分したか、または少なくとも相続人が被相続人の死亡した

事実を確実に予想しながらあえてその処分をしたことを要すると解されます（最判昭42・4・27）。この点、最判昭和41年12月22日も、行方不明であった被相続人の死亡を知らないで相続財産を処分しても、単純承認の効果は生じない旨判示し同様の結論をとっています。

ただし、保存行為及び民法602条に定める期間を超えない賃貸行為は、「処分」にあたりません（同921条1号但書）。

2　熟慮期間の徒過

相続人が民法915条1項の熟慮期間内に限定承認または相続の放棄をしなかったとき、相続人は単純承認したものとみなされます（同921条2号）。

3　隠匿・私に消費・悪意による財産目録への不記載

相続人が、限定承認または相続の放棄をした後、相続財産の全部もしくは一部を隠匿し、私に消費し、または悪意で相続財産の目録中に記載しなかったとき、相続人は単純承認したものとみなされます（民法921条3号本文）。条文は「限定承認又は相続の放棄をした後であっても」と定めているところ、限定承認・相続放棄の前に本号所定の事由が生じた場合にも本号の適用があるかについては、本号の適用はなく1号の適用のみが問題となるとする説と、法文上制限的に読む必要はなく、相続債権者の利益を図る必要性が大きいことを理由に、本号も適用されるとする説とに分かれています。

ただし、相続放棄によって相続人となった次順位相続人が相続の承認をした後は、次順位相続人の相続権保護の観点から、先順位相続人の単純承認は擬制されません（同921条3号但書）。

Q2 葬儀費用・仏壇墓石購入費用への相続財産の使用、香典の受領

Q
被相続人の葬儀費用や仏壇墓石購入費用を被相続人の預貯金等の相続財産から支出した場合、単純承認したものとみなされますか。また、香典を受領した場合、単純承認したものとみなされますか。

A
葬儀費用や仏壇墓石購入費用を相続財産から支出しても、社会的にみて不相当に高額であるなどといった特段の事情がない限り、単純承認したものとはみなされないと思料されます。また、香典を受領しても、単純承認したものとはみなされません。

解 説

　民法921条1号は、相続人が相続財産の全部または一部を処分した場合、相続人が単純承認をしたものとみなす旨を定めており、各行為が「相続財産の…処分」に該当するかが問題となります。

　この点、大阪高決平成14年7月3日は、葬儀は社会的儀式として必要性が高く、時期を予想することは困難であり、相当額の支出を伴うといった点からすれば、被相続人の相続財産をもって被相続人の葬儀費用に充当しても社会的見地から不当でないこと、相続財産の使用が許されず相続人らに資力がないため被相続人の葬儀を執り行うことができないとすれば、むしろ非常識な結果といわざるを得ないことを理由に、相続財産から葬儀費用を支出する行為は、「処分」にあたらない旨を判示しています。大阪高決昭和54年3月22日

104

も、相続人が、行方不明であった被相続人のほとんど経済価値のない着衣や身回り品、2万余円の所持金、遺体などを所轄警察署から引き渡され、同所持金を火葬費用及び治療費残額の支払いに充てた事案において、「処分」にあたらないとしています。

さらに、大阪高決平成14年7月3日は、葬儀の後に仏壇や墓石を購入することは、葬儀費用の支払とはやや趣を異にする面があるものの、日本の通常の慣例であること、預貯金等の被相続人の財産が残され、かつ相続債務があることがわからない場合に、遺族がこれを利用することも自然な行動であること、抗告人らが購入した仏壇及び墓石は、いずれも社会的にみて不相当に高額のものとも断定できない上、抗告人らが香典及び被相続人の貯金から購入費用を支出したが不足したため、一部は自己負担したものであることに、葬儀費用に関して先に述べたところと併せ考えると、抗告人らが貯金を解約し、その一部を仏壇及び墓石の購入費用の一部に充てた行為が、明白に「処分」にあたるとは断定できないとしています。

以上からすれば、葬儀費用や仏壇墓石購入費用を相続財産から支出しても、社会的にみて不相当に高額である等といった特段の事情がない限り、「処分」には該当せず単純承認したものとはみなされないと思料されます。

また、香典は、葬儀の主宰者や遺族に対する贈与と解されており、被相続人の相続財産とは関係ないものと考えられています。したがって、香典を受領しても、「相続財産の…処分」に該当せず、単純承認したものとはみなされません。

Q3 生命保険金の受領

限定承認・相続放棄前に生命保険金を受領した場合、単純承認したものとみなされますか。

相続人が受取人に指定されている場合や、受取人の指定がないものの約款で被保険者の相続人に支払う旨の条項がある場合、生命保険金を受領しても単純承認したものとはみなされません。他方、被相続人が受取人に指定されている場合、生命保険金を受領すると単純承認したものとみなされ得ます。

解説

　民法921条1号は、相続人が相続財産の全部または一部を処分した場合、相続人が単純承認をしたものとみなす旨を定めており、生命保険金の受領が「相続財産の…処分」に該当するかが問題となります。そして、生命保険金は受取人が誰かによって、相続財産に含まれるのか、受取人の固有財産になるのかが変わります。

　この点、相続人が受取人に指定されている場合は、生命保険金は相続人の固有財産となり、相続財産ではないとされるため、生命保険金を受領しても単純承認したものとはみなされません（山口地徳山支判昭40・5・13）。

　また、保険契約で受取人の指定がないものの、約款において生命保険金を被保険者の法定相続人に支払う旨の条項がある場合、保険契約は、受取人を被保険者の相続人と指定した場合と同様、特段の事情のない限り、被保険者の相続人のための契約であると解されます（最判昭48・6・29）。この場合の保険金請求権は、被相続人死亡と

同時に相続人の固有財産となり、被保険者である被相続人の相続財産より離脱しているものとされます（最判昭40・2・2、最判昭48・6・29）。以上を踏まえ、福岡高宮崎支決平10・12・22も、相続人による死亡保険金の請求及び受領は、相続人の固有財産に属する権利行使をして保険金を受領したもので、相続財産の一部の処分ではない旨を判示しています。

　他方、被相続人が受取人に指定されている場合は、生命保険金は相続財産とされ、生命保険金を受領すると「処分」に該当し、単純承認したものとみなされ得ます。

Q4　死亡退職金の受領

Q 限定承認・相続放棄前に死亡退職金を受領した場合、単純承認したものとみなされますか。

A 　受取人が相続人とされている場合、死亡退職金を受領しても単純承認したものとはみなされませんが、受取人が被相続人とされている場合や、受取人を指定する定めがない場合は、死亡退職金を受領すると単純承認したものとみなされ得ます。

解　説

　民法921条1号は、相続人が相続財産の全部または一部を処分した場合、相続人が単純承認をしたものとみなす旨を定めており、死亡退職金の受領が「相続財産の…処分」に該当するかが問題となります。そして、死亡退職金は受取人が誰かによって、相続財産に含まれるのか、受取人の固有財産になるのかが変わります。

第9章　法定単純承認　107

この点、被相続人が公務員の場合、国家公務員退職手当法や条例で受取人が定められています。このように受取人が定められていれば、死亡退職金は受取人の固有財産となり、相続財産ではないとされるため、死亡退職金を受領しても単純承認したとはみなされません。また、被相続人が会社員等の場合、社内規程等において受取人が定められていれば死亡退職金は受取人の固有財産となり、相続財産ではないとされるため、死亡退職金を受領しても単純承認したとはみなされません。

　他方、社内規程等において被相続人が受取人に指定されている場合やそもそも規定がない場合には、死亡退職金は相続財産とされ、死亡退職金を受領すると「処分」に該当し、単純承認したものとみなされ得ます。

Q5　年金の受領

> **Q** 限定承認・相続放棄前に年金を受領した場合、単純承認したものとみなされますか。
>
> ---
>
> **A** 公的年金について、未支給分や遺族年金を受領しても単純承認したものとはみなされません。他方、私的年金について、遺族給付金や死亡一時金などを受領しても単純承認したものとみなされないケースが多いですが、未支給分を受領すると単純承認したものとみなされる可能性が高いと思料されます。

解　説

　民法921条1号は、相続人が相続財産の全部または一部を処分し

た場合、相続人が単純承認をしたものとみなす旨を定めており、各年金の受領が「相続財産の…処分」に該当するかが問題となります。

1　公的年金（国民年金、厚生年金）

(1)　未支給年金

受給日や繰下げ受給の関係で被相続人が受給できなかった年金は、一定の要件を満たす遺族が「自己の名で」請求できます（国民年金法19条1項・3項、厚生年金保険法37条1項・3項）。未支給の国民年金に関してですが、最判平成7年11月7日も、国民年金法19条「の規定は、相続とは別の立場から一定の遺族に対して未支給の年金給付の支給を認めたものであり、死亡した受給権者が有していた右年金給付に係る請求権が同条の規定を離れて別途相続の対象となるものでない」と判示しています。したがって、未支給の公的年金は相続財産に該当せず、これを相続人が受領しても単純承認したものとはみなされません。

(2)　遺族年金（遺族基礎年金、遺族厚生年金）

遺族年金は、一定の要件を満たす遺族に支給されます（国民年金法37条、厚生年金保険法58条）。遺族厚生年金に関してですが、大阪家審昭和59年4月11日も、厚生年金保険「法は、相続法とは別個の立場から受給権者と支給方法を定めたものとみられ、支給を受けた遺族年金は、固有の権利にもとづくもので、被相続人の遺産と解することはできない」と判示しています。したがって、遺族年金は相続財産に該当せず、これを相続人が受領しても単純承認したものとはみなされません。

2 私的年金（確定給付企業年金、確定拠出年金、国民年金基金、個人年金保険など）

(1) 未支給年金

　未支給の私的年金は本来被相続人が受け取るべきものですので、相続財産とされ、これを相続人が受領すると「処分」に該当し、単純承認したものとみなされる可能性が高いと思料されます。

(2) 遺族給付金、死亡一時金など

　遺族給付金や死亡一時金などは、法令や規約、契約等に基づき一定の遺族に支払われる性質のものであり、相続財産に該当しないケースが一般的です。もっとも、規約や契約の状況によっては相続財産に該当し、これを相続人が受領すると「処分」に該当するとして単純承認したものとみなされるおそれがあり、注意が必要です。

Q6 還付金の受領

限定承認・相続放棄前に税金や保険料等の還付金を受領した場合、単純承認したものとみなされますか。

税金や保険料の還付金を受領した場合、単純承認したものとみなされ得ます。高額療養費の還付金を受領した場合も単純承認したものとみなされるケースが多いですが、被相続人が被扶養者であれば、被保険者である相続人が受領しても単純承認をしたものとはみなされません。

解 説

　民法921条1号は、相続人が相続財産の全部または一部を処分した場合、相続人が単純承認をしたものとみなす旨を定めており、各還付金の受領が「相続財産の…処分」に該当するかが問題となります。

　所得税や住民税などの税金を被相続人が納め過ぎた場合、当該過払分の還付金は通常被相続人の相続財産になり、これを相続人が受領すると「処分」に該当し、単純承認したものとみなされ得ます。

　国民健康保険料・介護保険料・後期高齢者医療保険料などといった保険料を被相続人が納め過ぎた場合、当該過払分の還付金も通常被相続人の相続財産とされ、これを相続人が受領すると「処分」に該当し単純承認したものとみなされ得ます。

　高額療養費の還付金は、医療費の自己負担額が限度額を超えた場合に後から払い戻されるものです。当該還付金の請求権は被相続人

第9章　法定単純承認　111

の死亡前に発生しており、相続財産に含まれるのが一般的です。もっとも、被相続人が被扶養者で被保険者が医療費を支払っていた場合、高額療養費の還付金は被保険者が受け取ることになります。この場合、高額療養費の還付金は相続財産に含まれず、被保険者である相続人が受領しても単純承認をしたものとはみなされません。

Q7 預貯金の解約

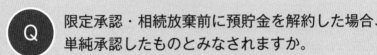

Q 限定承認・相続放棄前に預貯金を解約した場合、単純承認したものとみなされますか。

A 基本的には単純承認したものとみなされ得ますが、預貯金を葬儀費用や仏壇墓石購入費用に充てた場合、社会的にみて不相当に高額であるなどといった特段の事情がないようであれば、単純承認したものとはみなされないと思料されます。

解 説

民法921条1号は、相続人が相続財産の全部または一部を処分した場合、相続人が単純承認をしたものとみなす旨を定めており、預貯金の解約が「処分」に該当するかが問題となります。

預貯金の解約は、単純承認をしたものとみなされる法律上の処分例として真っ先に挙げられる行為の1つであり、基本的には単純承認したものとみなされ得ます。ただし、大阪高決平成14年7月3日は、被相続人の貯金を解約し、葬儀費用に充てても「処分」にあたらない旨判示するとともに、仏壇墓石購入費用に充てても、社会的にみて不相当に高額であるなどといった特段の事情がない限り「処

分」には該当しないことを示唆しており、例外的に単純承認したものとみなされない場合があります（本章 Q2 参照）。

Q8 その他の処分行為

Q 本章Q2～7記載の行為以外に、限定承認・相続放棄前に単純承認したものとみなされ得る行為はありますか。

A 例えば、形見分けでは、形見が一般経済価値を有する場合に単純承認したものとみなされ得ます。また、判例上、債権の取立てや弁済の受領、賃借権存在確認の訴訟提起、株主権の行使及び賃料振込先の変更なども単純承認したものとみなされ得る行為です。

解 説

民法921条1号は、相続人が相続財産の全部または一部を処分した場合、相続人が単純承認をしたものとみなす旨を定めており、各行為の「処分」該当性が問題となります。

「処分」に該当することにより、相続人は無限に被相続人の権利義務を承継する（同920条）という重大な効果が生じますので、「処分」の意味は厳格に解すべきとされ、大判昭和3年7月3日は、いわゆる形見分けの事案において、経済的重要性が低い場合は「処分」にあたらず、一般経済価値を有する場合に「処分」にあたる旨判示しています。これを受け、東京高決昭和37年7月19日は、交換価値を失う程度に着古したボロの上着とズボン各1着を元使用人に

与える行為は、一般経済価格あるものの処分とはいえないとし、山口地徳島支判昭和40年5月13日は、形見の趣旨で背広上下、冬オーバー、スプリングコート、位牌、時計及び椅子2脚の受領は処分にあたらないとし、東京地判平成21年9月30日は、衣類・ノートパソコン・ブラウン管式テレビ等について一般経済価額を有するとは認められないとしています。他方、松山簡判昭和52年4月25日は、相続財産の総額と処分されたものの品名・額とを比較考量して衡平ないし信義則の見地から相続人に放棄の意思なしと認めるに足る如き処分か否かという規範の下、和服15枚、洋服8着、ハンドバッグ4点、イミテーションの指輪2個の引渡行為が「処分」に該当すると判断しています。

「処分」とは、財産の現状や性質を変える行為をいい、法律上の処分の他、事実上の処分も含まれ、例えば、相続財産である家屋の取壊しや当該家屋への放火も該当するとされますが、失火による家屋の損傷や過失による動産の毀損は、処分の意思がなく「処分」に該当しないと解されます。

法律上の処分としては、債権の取立てや弁済の受領(最判昭37・6・21)が挙げられます。一方、相続開始前に死因贈与契約に基づく仮登記が経由されている土地について、相続人が限定承認申述前に仮登記に基づく本登記手続を行うことは、「処分」に該当しないとされます(東京地判平7・12・25)。

ただし、相続人は相続財産の管理権限を有していることから(民法918条本文)、保存行為及び民法602条に定める期間を超えない賃貸は「処分」に該当せず(民法921条1号但書)、例えば、道具類の無償貸与行為(最判昭41・12・22)、和だんす1棹・洋服だんす1棹・鏡台1個を無償使用させる行為(松山簡判昭52・4・25)は保存行為とされています。共済金支払の可否の確認を目的とする共済金請求は、同915条2項の調査に過ぎず、「処分」に該当しないとされています(福岡高宮崎支決平10・12・22決定)。

114

一方、東京高判平成元年3月27日は、賃借権存在確認の訴訟提起を調査ないし管理行為・保存行為にあたらないとし、東京地判平成10年4月24日は、株主権の行使及び賃料振込先の変更を管理行為と考えられる限度を超えるとしています。

Q9 処分行為取消しの可否と単純承認の効果

Q 相続財産の処分行為を錯誤、詐欺または強迫を理由に取り消すことはできますか。取り消すことができる場合、単純承認の効果は遡って否定されますか。

A 相続財産の処分行為は錯誤、詐欺または強迫を理由に取り消すことができます（民法919条2項、95条、96条）が、取消しに伴い単純承認の効果も遡って否定されるとは限りません。

解 説

民法921条1号は、相続人が相続財産の全部または一部を処分した場合、相続人が単純承認をしたものとみなす旨を定めているところ、相続財産の処分が法律上の処分に該当するときに、当該処分を錯誤、詐欺または強迫を理由に取り消すことができるか、できるとして単純承認の効果は遡って否定されるかが問題となります。

1　処分行為取消しの可否

　単純承認の法的性質について、多数説は意思表示とし、法定単純承認を民法921条各号の事由がある場合に意思表示を擬制したものと捉えており、大判明治41年3月9日や最判昭和42年4月27日も同じ立場とされます。かかる意思表示説に立つと、単純承認に同919条1項・2項は当然適用され、処分行為を錯誤、詐欺または強迫を理由に取り消すことができるという帰結になります（同95条、96条）。

　なお、単純承認は意思表示や法律行為でなく相続帰属の態様であるとする法定効果説は、法定単純承認を民法921条各号の事由がある場合に法が与えた効果であると捉えており、単純承認に同919条1項・2項は適用されず、処分行為の取消しはできないことになります。

2　処分行為取消しに伴う単純承認の効果

　処分行為を取り消した場合、単純承認の効果がどうなるかについては、学説・裁判例とも判断が分かれており、単純承認の効果が遡って否定されるとは限りません。

　学説は、処分に単純承認の効果を認める根拠は、その処分がもはや限定承認や相続放棄をしないという点にあるのであるから、処分の法的効力それ自体は結論を左右しないこと、相続債権者の単純承認がなされたことに対する信頼を保護すべきこと等から、単純承認の効果は生じたままとする説が従前から多いように見受けられます。もっとも、単純承認の効果も生じなかったとする説や、取消原因が相続人の能力にある場合は単純承認の効果は生じなかったこととなりますが、客観的に単純承認の意思があると認定できる場合には単純承認の効果が生じたままになるとする説も有力に主張されて

います。

　裁判例には、単純承認の効果を否定するものとして、遺産分割協議が錯誤により無効になり、単純承認の効果も発生しないとした例（大阪高決平10・2・9、東京地判平27・5・19）、相続人が被相続人の債権債務関係の処理を委任した行為が、その経過、方法、結果等に照らして公序良俗に反し無効であるとし、民法921条1号該当行為にあたらないとした例（山口地徳山支判昭40・5・1）等がありますが、単純承認の効果を否定しないものとして、未成年者を含む相続人らによる遺産分割協議について、仮に取り消されたとしても同921条1号の処分にあたるとした例（松山簡判昭52・4・25）等もあります。

Q10 隠匿・私に消費・悪意による財産目録への不記載

Q 限定承認・相続放棄後、どのような場合に相続人が単純承認したものとみなされますか。

A 相続人が、相続財産の全部もしくは一部を隠匿し、私にこれを消費し、または悪意でこれを相続財産の目録中に記載しなかった場合、相続人が単純承認したものとみなされます（民法921条3号本文）。ただし、相続放棄によって相続人となった次順位相続人が相続の承認をした後は、先順位相続人の単純承認は擬制されません（同号但書）。

　民法921条3号本文は、背信的な行動をとった相続人に対し、相

続債権者の犠牲において限定承認または相続放棄という保護を与えるのは相当でなく、相続債務を承継させるという一種の民事的制裁を課すという趣旨の下、以下の３つの場合に相続人が単純承認したものとみなされる旨定めています（同921条３号）。

1　隠　匿

　相続財産の隠匿とは、相続財産の全部または一部の所在を不明にする行為です（東京地判平12・3・21）。隠匿の故意の程度としては、「その行為の結果、被相続人の債権者等の利害関係人に損害を与えるおそれがあることを認識している必要があるが、必ずしも、被相続人の特定の債権者の債権回収を困難にするような意図、目的までも有している必要はない」とされています（同判決）。また、背信的行為を行った相続人に対する民事的制裁という趣旨からすれば、「処分」該当性の判断と同様、経済的価値を有する財産の場合に限定して適用されることになります。

　例えば、同判決は、いわゆる形見分けは含まれませんが、本件では、新品同様の洋服や３着の毛皮を含む相当な量の洋服など遺品のほとんどすべてを持ち帰っていて、一定の財産的価値を有しており、形見分けを超えていると判断しました。また、東京地判平成21年９月30日は、敷金400万円の所在を明らかにせず、その客観的証拠も提出しないことは、「隠匿」といえると結論付けています。

2　私に消費

　「私にこれを消費し」とは、ほしいままに相続財産を処分して原形の価値を失わせる行為をいい、相続債権者の不利益を意識するという内容が含まれる行為であるとされ、公然性は判断の決め手になりません。また、「消費」は法律上の処分のみならず事実上の処分

も含みます。財産の保存など正当事由がある場合は「私に消費」にあたらず、例えば、害虫にかかった玄米を処分し、自己が所有する玄米を振り替え保管した場合（大判昭17・10・23）や、被相続人が臨終時に使用した夜具布団を第三者に施与または焼棄した場合（東京高判大11・11・24）は「私に消費」に該当しないとされます。

他方、相続し自ら利用する賃借権の延滞賃料を、相続した家屋の売却代金で弁済した場合は、「私に消費」になり得るとされ（大判昭12・2・9）、敷金400万円の所在を明らかにせず、その客観的証拠も提出しないことは「私に消費」したといえるとされます（東京地判平21・9・30）。

3 悪意による財産目録への不記載

「悪意で」相続財産を「相続財産の目録中に記載しなかったとき」とは、限定承認を行った場合において、財産が相続財産であることを知りながら、財産目録に記載しないことをいいます。「悪意」の意義については、相続財産であることを認識していれば足りるか、それを超えて相続債権者を詐害する意思まで要するかで争いがあります。大判昭和3年7月3日は詐害意思不要としていますが、大判昭和5年4月14日や大判昭和17年10月23日、東京地判平成12年3月21日は詐害意思を必要としているように読めます。また、消極財産の不記載の場合も単純承認したものとみなされます（最判昭61・3・20）。さらに、背信的行為を行った相続人に対する民事的制裁という趣旨から、「処分」該当性や「隠匿」の判断と同様、記載しなかった相続財産の経済的価値が乏しかったり、正当な事由があったりする場合には、「悪意」がないまたは背信的行為ではないものと解されます。

ただし、相続放棄によって相続人となった次順位相続人が相続の承認をした後は、次順位相続人の相続権保護の観点から、先順位相

続人の単純承認は擬制されません（民法921条３号但書）。

Q11 現金費消発覚の可能性

Q 被相続人が保有していた現金をこっそり費消しても見つかることはなく、単純承認したものとはみなされないでしょうか。

A 現金の多寡や証拠関係などにもよりますが、見つからないと断定することは難しく、民法921条１号または３号により単純承認したものとみなされる可能性は否定できません。

解　説

　民法921条１号は、相続人が相続財産の全部または一部を処分した場合、相続人が単純承認をしたものとみなす旨を定めています。また、同条３号は、相続人が限定承認または相続の放棄をした後であっても、相続財産の全部もしくは一部を隠匿し、私にこれを消費し、または悪意でこれを相続財産の目録中に記載しなかった場合も、原則として相続人が単純相続をしたものとみなす旨を定めています。

　現金を費消しても誰にも気付かれないかは、現金の多寡、現金が存在する経緯、その証拠の有無や内容、現金について把握していた者の有無などによっても異なるものと予想されますが、単純承認したものとみなされた場合、被相続人の権利だけでなく義務も無限に承継することになります（同920条）。現金の費消が被相続人の葬儀費用や墓石購入費用に充てるためであり、単純承認したものとみな

されないような場合であったのであれば格別、そうでないのであれば、現金をこっそり費消するのは上述のリスクもあり避けたほうが賢明と考えられます。

Q12 ポイント・マイルの受領・使用

Q 被相続人が貯めたポイントやマイルを受領したり使用したりした場合、単純承認したものとみなされますか。

A 被相続人の死亡に伴い失効する場合は、相続財産に含まれず単純承認したものとはみなされません。失効しない場合、相続人に独自の使用権限があれば、相続財産に含まれず単純承認したものとはみなされませんが、承継して使用する形をとる場合は、相続財産に該当し単純承認したものとみなされる可能性があります。

解説

　民法921条1号は、相続人が相続財産の全部または一部を処分した場合、相続人が単純承認をしたものとみなす旨を定めています。また、同条3号は、相続人が、限定承認または相続の放棄をした後であっても、相続財産の全部もしくは一部を隠匿し、私にこれを消費し、または悪意でこれを相続財産の目録中に記載しなかった場合も、原則として相続人が単純相続をしたものとみなす旨を定めています。

　そして、ポイントやマイルは被相続人の死亡に伴い失効するか否

第9章　法定単純承認　121

か、失効しない場合に相続人がどのような権限や形態で受領ないし使用できるのか、その制度の建付けによって相続財産に含まれるのか、相続人の固有財産になるのかが変わるものと考えられ、規約等の確認が必要になります。

　この点、被相続人の死亡に伴いポイントやマイルが失効となる場合、被相続人の一身に専属したものとして相続財産に含まれず（民法896条但書）、単純承認したものとはみなされません。例えば、ポイントの多くやマイルの一部は被相続人の死亡に伴い失効し、相続財産になりません。

　他方、被相続人が亡くなってもポイントやマイルが失効せず、かつ被相続人の死亡と関係なく相続人にポイントやマイルを使用する独自の権限が定められているような場合は、ポイントやマイルは相続人の固有財産となり、相続財産ではないとされるため、単純承認したとはみなされないものと思料されます。例えば、家族間で共有するタイプのポイントやマイルは、相続人の固有財産となって相続財産ではないとされ、単純承認したとはみなされないものと思われます。

　他方、被相続人が亡くなってもポイントやマイルが失効しないものの、相続人はこれを引き継ぐことができるだけで、相続人にポイントやマイルを使用する独自の権限が定められていないような場合は、ポイントやマイルは相続財産とされ、ポイントやマイルを引き継ぐと、単純承認したものとみなされる可能性があると推察されます。例えば、マイルの多くは一定期間失効せず承継できるという形をとっていますので、相続財産に該当し、これを引き継ぐと、単純承認したものとみなされる可能性があると考えられます。

122

第10章

相続放棄申述後の手続き

Q1 家庭裁判所からの問合せ文書の記載方法

相続放棄の申述をしたら、家庭裁判所から相続放棄の申述に関する回答書が届きました。これはどうしたらよいですか。

回答書の質問に沿って答えてください。

解説

　回答書は、記入の上必ず家庭裁判所に提出してください。提出のない場合、相続放棄受理の審判が行われません。質問の内容は概ね以下のとおりです。

　①　相続放棄はあなたの意思ですか？

　「はい」であればよいのですが、「いいえ」の場合は相続放棄の意思がない方向になります。特に他の相続人から、悪いようにしないから相続放棄してくれと頼まれた場合はその旨を記載したほうがよいでしょう。

　②　相続人が死亡したことを知った時期、経緯

　ここは主に熟慮期間の起算点に関わる部分ですので、特に死亡を後日知った場合には正確に記載してください。

　③　先順位の相続人の相続放棄を知った時期、経緯

　先順位が相続放棄をしたために、自分が相続人に繰り上がった場合も、熟慮期間の起算点に関わる部分ですので、正確に記載してください。

④　被相続人の財産・負債を知った時期、経緯

　これも熟慮期間の起算点に関わる部分ですので、正確に記載してください。

⑤　相続放棄をしたい理由

　相続放棄したい理由は、該当するものがなければ（その他）の欄に自由に記載してよいです。

⑥　相続放棄意思の最終確認

　最終的に再確認がされます。もし相続放棄をしたくなくなった場合にはやめることができます。

Q2 相続放棄受理通知書・相続放棄受理証明書の申請方法

Q 相続放棄をしたことを証明するにはどうしたらよいでしょうか。

A 　申請者本人及び利害関係人であれば、家庭裁判所から相続放棄受理証明書を取得することができます。

解　説

　相続放棄受理通知書は、相続放棄の申述を受けた家庭裁判所が、申述者に相続放棄の手続きを完了し、相続放棄を受理した際に発行する書類です（家事事件手続規則106条２項）。この書類には、事件番号、申述人、被相続人及び受理日が記載されています。ただし、相続放棄受理通知書の送付を受けるのは、相続放棄申述者と利害関係参加人とされていますので（家事事件手続法42条７項）、手続き

第10章　相続放棄申述後の手続き　125

に参加していない利害関係人には通知されません。

相続放棄受理証明書は、本人または利害関係人の申請により発行されます。なお、相続放棄受理証明書の申請用紙に、事件番号、受理日、被相続人の氏名及び死亡日を記入しなければなりませんが、事件番号、受理日を知らない利害関係人は、相続放棄の申述の有無の照会を行う必要があります。この照会は、家庭裁判所に電磁的データがある期間に限って許されており、30年以上前になると相続放棄の申述の有無を確認できないことがあることに注意が必要です。

Q3 相続分をゼロとする遺産分割協議と相続放棄の違い

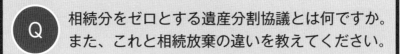

Q 相続分をゼロとする遺産分割協議とは何ですか。また、これと相続放棄の違いを教えてください。

A 相続人の1人あるいは複数が、自己の相続取得分をゼロとする遺産分割協議です。要するに、その相続人は相続しないということです。相続放棄との違いは、相続人の債務をゼロとすることを第三者に対抗できない点や詐害行為取消しの対象となり得る点です。

解説

複数の相続人がいる場合、例えば、長男が全部相続することに他の相続人が合意したときには、他の相続人の取得分をゼロとする遺産分割協議書が作成されることがあります。

この場合、プラスの財産はよいのですが、本来、被相続人が負っていたマイナスの債務については、遺産分割協議に、すべて長男が支払うと書いてあっても、その効力は及ばず、債権者から法定相続分に応じた請求を受けることとなります。これを回避したいのであれば、相続放棄手続をとったほうがよいです。

また、特殊な例ですが、相続分をゼロとする遺産分割協議が、詐害行為取消の対象となった例があります（最判平11・6・11民集53巻5号898頁）。

Q4 他の相続人への相続分の全部譲渡と相続放棄の違い

Q 相続分の全部譲渡とは何ですか。また、これと相続放棄の違いを教えてください。

A 相続開始後から遺産分割が成立するまでの間に、自己の法定相続分を他の法定相続人に譲渡することをいいます。相続放棄との違いは、相続人の債務をゼロとすることを第三者に対抗できない点です。

解　説

相続分の全部譲渡とは、事実上の相続放棄の１つで、「共同相続人の一人が遺産の分割前にその相続分を第三者に譲り渡したとき」と定める民法905条１項を根拠として、相続開始後から遺産分割が成立するまでの間、自己の法定相続分を他の法定相続人に全部譲渡するものです。

前述の相続分をゼロとする遺産分割協議が、遺産分割協議書でな

第10章　相続放棄申述後の手続き　127

されるのに対し、遺産分割協議前に自己の法定相続分を他の法定相続人に譲渡とすることが異なりますが、その効果は同じです。ただし、相続分の譲渡であるため、債務に関しては、譲受した法定相続人が譲渡した法定相続人の負担すべき法定相続分の債務を併存的に引き受けることとなります。

Q5 相続放棄後の申述者の財産に対する義務

Q 相続放棄を申述して受理されたのですが、占有している財産に対する義務はどのようになるのでしょうか。

A 相続放棄者は、相続人または相続財産清算人に対し当該財産を引き渡すまで自己の財産におけるのと同一の注意をもって保存しなければなりません。

解 説

　相続放棄を受理された者（以下、「相続放棄者」という。）が、相続財産に該当する財産を現に占有している場合には（間接占有も含む）、相続放棄者は当該財産を相続人または相続財産清算人に引き渡すまで、自己の財産におけるのと同一の注意をもって保存する義務を負います（民法940条1項）。

　相続放棄者が保存義務を消滅させる方法には、いくつかの方法があります。

　①　他の相続人への引渡し

　②　相続財産清算人の選任及び引渡し

③　弁済供託

Q6　瑕疵ある放棄の意思表示

長男に悪いようにしないと言われて相続放棄したのですが、何もしてくれないので、相続放棄の申述をなかったことにしたいのですが、どうすればよいですか。

相続放棄の申述が受理された後は、取消しの申述を家庭裁判所へ申し立てます。そして、相続放棄の取消しには取消事由が必要です。

解　説

　相続放棄申述が受理された後にこの申述に取消事由があるとして、相続放棄を争う場合は、家庭裁判所に取消しの申述を申し立てて受理される必要があります（民法919条4項、家事事件手続法39条、同別表第一91項、201条5項）。なお、改正前民法における無効原因についても、これらの条項を根拠に取消しの申述を申し立てます。

　民法総則上の取消事由として、①未成年者がした法定代理人の同意のない放棄（民法5条）、②成年被後見人がした放棄（同9条）、③被保佐人がした保佐人の同意のない放棄（同13条）、④同意権付与審判を受けた被補助人がした補助人の同意のない放棄（同17条）、⑤錯誤、詐欺、強迫に基づく放棄（同95条及び96条）があります。親族編の規定上の取消事由として、⑥後見監督人がある場合に後見人がした後見監督人の同意のない放棄（同864条、865条1項）など

第10章　相続放棄申述後の手続き　129

があります（未成年後見監督人がある場合について、同867条）。

　本件の場合、相続放棄をするに至った動機に錯誤があることを理由に相続放棄を取り消すためには、動機が相手方に表示され、法律行為の要素と認められる必要があります（最判昭29・11・21民集8巻12号2087頁）。なお、動機の錯誤が認められた裁判例がありますが（東京高判昭63・4・25高民集41巻1号52頁）、この裁判例は、錯誤無効の主張自体は権利濫用にあたるとして、相続放棄の無効は認めていません。

第11章

限定承認申述後の手続き

Q1 相続財産清算人の選任

> **Q** 限定承認の申述をした後の財産の管理はどのようにすればよいのですか。
>
> **A** 限定承認者は、その固有財産におけるのと同一の注意をもって、相続財産の管理を継続しなければなりません。また、相続人が複数いる場合には、家庭裁判所は相続人の中から相続財産清算人を選任します。

解説

　限定承認の申述を受理した裁判所は、相続人が複数いる場合には、相続人の中から相続財産清算人を選任します（民法936条1項）。一方で、相続人が1人の場合には、限定承認をした相続人がそのまま相続人の立場で相続財産の管理を継続します。いずれの場合にも、限定承認者または相続財産清算人は、その固有財産におけるのと同一の注意をもって、相続財産の管理を行わなければなりません（同926条1項）。

　まず、限定承認者は、限定承認をした後5日以内に、すべての相続債権者及び受遺者に対し、限定承認をしたこと及び一定の期間内にその請求の申出をすべき旨を公告しなければなりません。その場合、その期間は2か月を下ることができません（同927条1項）。この公告には、相続債権者及び受遺者がその期間内に申出をしないときは弁済から除斥されるべき旨を付記します。ただし、限定承認者は、知れている相続債権者及び受遺者を除斥することができません（同条2項）。限定承認者は、知れている相続債権者及び受遺者には

各別にその申出の催告をしなければなりません（同条3項）。

　一方、相続財産清算人が選任された場合には、選任から10日以内に上記の請求の申出及び公告を行わなければなりません（同936条3項、927条）。いずれにせよ、公告については、申込み後、ただちに掲載がされるわけではありませんので、あらかじめ公告の掲載可能日を確認し、上記の5日以内あるいは10日以内の掲載に間に合うように申述の受理日を家庭裁判所に調整してもらう必要があります。

　相続財産清算人選任の家事審判申立書は、**第15章【書式7】**（235ページ）を参照してください。

Q2 相続財産清算人の権限

> **Q** 相続財産清算人にはどのような権限がありますか。
>
> **A** 　相続財産清算人は、相続人のために、相続人に代わって、相続財産の管理及び債務の弁済に必要な一切の行為をする権限を有しています。

解　説

　相続財産清算人は、相続人のために、これに代わって相続財産の管理及び債務の弁済に必要な一切の行為をする権限を有しています（民法936条2項）。このような相続財産清算人の立場について、判例は相続人全員の法定代理人であると解しています（最判昭47・11・9民集26巻11号9頁）。この場合、相続財産清算人以外の相続人については、相続財産の管理等の権限は失われるとも解されています。

第11章　限定承認申述後の手続き　133

相続財産清算人が行った行為の効果は、相続人全員に帰属することになります。

　相続財産清算人には、委任の規定の一部が準用されています（民法936条3項、926条）。すなわち、相続財産清算人は、相続債権者及び受遺者から請求があった時には、いつでも清算事務の処理の状況を報告し、事務が終了した後は遅滞なくその経過及び結果を報告しなければなりません（同645条）。また、相続財産清算人は、事務を処理するにあたって受け取った金銭その他の物及び果実ならびに権利は、いずれも相続財産に組み入れなければなりません（同646条）。一方で、相続財産清算人が事務処理に必要と認められる費用を支出したときは、費用の償還請求ができます（同650条1項、2項）。

コラム　限定承認手続の留意点②

○公告の準備

　限定承認者は、限定承認後5日以内（清算人が選任された場合は、清算人選任後10日以内。民法936条3項）に、官報に限定承認した旨等を公告する必要があります（同927条）。この公告は、限定承認者に清算対象となる相続債権者および受遺者の氏名と相続債務の数額を正確に認識させるための重要な手続きであるため、速やかに行わなければなりません。そのため、限定承認の申立てと並行して、公告の準備をする必要があります。

コラム　限定承認手続の留意点③

○財産の換価

　限定承認の場合、相続財産の換価は、原則として競売によります（民法932条本文）。もっとも、限定承認者は債務を承認した債務者という地位でもあるため、同競売への参加は認められていません（民事執行法68条）。そのため、限定承認者が特定の相続財産の取得を希望する場合、家庭裁判所に鑑定人の選任を申し立て、先買権（同932条但書）を行使して取得するほかありません。そして、先述のとおり、先買権の行使を目的に限定承認が選択されることがあります。

　なお、被相続人の家財道具等の動産も相続財産であるところ、これを競売に付しても換価可能か疑問であり、限定承認者が取得を希望しなければ先買権も行使されず、その結果、換価手続が終了せず、限定承認が終了しないことになります。このような場合に、限定承認者（または清算人）が安易に動産の所有権を放棄すると、相続債権者から、相続財産を毀損したと責任を追及されるおそれが生じます。相続財産の換価について競売が原則とされ、例外である先買権の行使の際も裁判所が選任した鑑定人が鑑定を行う趣旨は、限定承認者による相続財産の換価が不当に行われることで相続債権者の利益が損なわれることを防止するとともに、衡平を期するため、換価については競売によるべきものとした（谷口知平・久喜忠彦編著『新版　注釈民法（27）相続（2）補訂版』（有斐閣、2013）586頁）ことからすれば、換価困難な相続財産が存する場合、その処理については相続債権者及び受遺者の同意を得ながら進める必要があると考えられるところです。

第11章　限定承認申述後の手続き　135

Q3 相続財産の換価行為

相続財産の換価はどのように行うのですか。

相続財産清算人は、原則として相続財産を競売により換価します。これに対して、相続人は、家庭裁判所に鑑定人の選任を申し立てて、その鑑定人の評価に従い相続財産の全部または一部の価額を弁済して、その競売を止めこれを取得することができます（先買権）。

解説

1 競売による相続財産の換価

相続債権者及び受遺者に対して弁済をするために相続財産を売却する必要がある場合には、限定承認者または相続財産清算人は、原則として裁判所による競売手続に付さなければなりません（民法932条）。

2 先買権

もっとも、相続財産の中には、例えば自宅であったり被相続人の形見であったり、限定承認をした相続人がどうしても自ら保有しておきたいというものが含まれている場合もあるでしょう。そこで、一律に競売手続による売却を求めるのではなく、一定の場合には相続人がこれを入手するための手段が設けられています。これが先買

権といわれているものです。

　具体的には、相続人は、家庭裁判所に鑑定人の選任を申し立てて、その鑑定人の評価に従い相続財産の全部または一部の価額を弁済して、その競売を止め、これを取得することができます。こうすることで、相続人は、相続財産のうちの全部または一部を自らのものとして保有を継続することができます。

　とりわけ、特に不動産競売については、債務者は買受けの申出をすることができないという規定もあり（民事執行法68条）、見解は分かれているようですが、限定承認の場合の相続人がここでいう債務者に該当すると考えると、相続人は競売に参加して不動産を取得するということができないということになってしまいますので、その場合には先買権を行使してこれを保有することを検討する必要があります。

3　各種財産の換価

　相続財産の原則的な換価方法は競売になります。不動産については、上記のとおり、相続人自らが買受人になることができないと解する見解もありますが、それ以外の財産については相続人が買受人となることも可能です。この競売については、民事執行法195条の規定に従い行われます。

　まず、不動産については、民事執行法45条以下に規定されている不動産の強制競売の各規定に従って換価されます。この場合、余剰がない場合には競売が取り消されることは通常の不動産競売の場合と同様です。

　家財道具、有価証券、貴金属、絵画などの動産については、入札、競り売り（民事執行法134条）、特別売却（民事執行規則121条）、委託売却（同122条）などの方法により換価されることになります。ただし、自動車などの登録制度がある動産については不動産の競売

第11章　限定承認申述後の手続き　137

の手続きが準用されます。

　また、債権については、預貯金であれば払出しをすればよいですし、金銭債権については通常の場合には競売に付することなくその額面を回収すれば足りますが、金融商品や条件付きの債権、期限が未到来の債権で回収ができないようなものはこれを競売に付す必要があります。この場合、裁判所は、裁判所の選任した評価人が債権の評価をした上で（民事執行規則139条１項）、その債権の売却を執行官に命ずる命令（売却命令）、その他相当な方法による換価を命ずる命令により売却することになります（民事執行法161条１項）。

　なお、現代においては、キャッシュレス化に伴うポイントやマイル、暗号資産なども相続財産を構成しますが、これらは動産であるか債権であるかに従い、上記の各規定により、競売に付されることになります。

　また、被相続人が海外に資産を有しているようなときには、準拠法が日本法であったとしても、その外国において手続きをとらなければならないことがありますし、日本の裁判所が競売のために差押さえをすることはできません。この場合は、競売ができない場合も想定せざるを得ません。

Q4 先買権の鑑定

先買権の鑑定はどのように行われるのですか。

相続人からの申立てを受けた裁判所が鑑定人を選任し、鑑定人が財産を鑑定します。鑑定時の時価を評価することになります。

解説

1 先買権の行使方法

　相続人が先買権を行使するためには、まず家庭裁判所に先買権を行使することを理由として鑑定人の選任を申し立てます。この鑑定人の選任には、家庭裁判所は相続債権者及び受遺者に参加の機会を与えるためにその旨の通知をしなければならないこととされています（民法933条、260条2項）。これを受けた裁判所は、鑑定人を選任し、鑑定人は、当該財産の鑑定を行うことになります。鑑定時の時価を評価することになります。

　相続人は、鑑定の結果を見て、先買権を行使するかどうかを判断します。鑑定の結果が出たからといって、必ずしもその金額で買い取らなくてはならないわけではありません。先買権を行使する場合には、相続財産清算人にその旨を伝えて、当該金額を納めることで、当該財産を相続財産から取得して保有することが可能になります。

2 登記と税務

　先買権を行使するにあたっては、登記と税務に留意する必要があります。限定承認における先買権の行使によって不動産を取得した場合には、一度法定相続された不動産については、先買権の行使により新たに取得したという内容の登記がされることになります。

　また、税務に関しては、限定承認を選択すると、すべての資産を時価で譲渡したものとみなされて、譲渡所得税が課税されることになります。さらに、先買権を行使して不動産を取得した場合には、不動産取得税も発生します。限定承認においては、これらの税務関係の考慮は不可欠です。

　なお、裁判所の鑑定による評価が鑑定時の時価を評価する一方で、相続税における資産の評価は相続時の時価であり、両者は一致するものではありませんので、この点も留意が必要です。

Q5 鑑定価格と違う金額での処分 （任意売却）

Q 相続財産清算人は、競売によらない方法で売却をすることは可能でしょうか。

A 法律では、競売による売却が原則であり、その例外として相続人による先買権が認められていますが、実際にはこれらによらない任意売却が行われることもあります。ただし、単純承認にならないようにしたり、相続債権者や受遺者から異議が出ないように配慮して行う必要があります。

解 説

　法律では、競売による売却が原則であり、その例外として相続人による先買権が認められていますが、それ以外の方法は認められていません。しかしながら、実際にはあらゆる財産を競売で処分することは費用も手間もかかりますし、不動産であれば剰余が出ない場合であったり、動産であれば買い手がつかない場合であったり、あるいは資産が海外にある場合であったりと、競売での処分が難航する場合も少なくありません。時価のある金融資産については、わざわざ評価をすることも迂遠です。そのため、実際には競売によらない方法で任意売却が行われています。

　任意売却は、厳密に言えば法律にはない処分方法ですので、相続財産清算人としてはこれを行うにあたっては十分に注意する必要があります。すなわち、その処分が単純承認にあたってしまうような場合には、これを避けるべきですし、相続債権者や受遺者にはあらかじめ異議がない旨の承諾を得てから行うのがよいでしょう。もしこのような任意処分が不当なものと評価されるときには、相続財産清算人は損害賠償責任を負うことになりますので注意が必要です。

Q6　弁済と遺産分割

Q 相続債権者や受遺者への弁済はどのように行うのでしょうか。

A 相続財産清算人は、公告期間満了後、配当弁済を行う必要があります。残余財産がある場合には、相続人において遺産分割をすることになります。

第11章　限定承認申述後の手続き　141

解　説

　相続財産清算人は、公告から2か月経過後、相続財産すべての換価が終わっていれば、知れたる債権者、申出があった債権者に対して弁済を行います。もし全額の弁済ができないときには按分して弁済することになります。

　相続債権者への弁済後、受遺者への弁済を行います。受遺者への弁済が終わった後、届出がなかった債権者への弁済を行います。その結果、残余財産がある場合には、相続人間で遺産分割を行うことになります。これによって、手続きは終了です。

　なお、上記のように配当するなかで、相続財産では全額弁済ができない場合があり、その場合には同順位の者同士で按分弁済をして、後順位のもの者には配当が行き渡らないということになります。実際には、十分な配当を得られなかった者は、このような処理で納得し終了となっているケースが多いと思われます。この点、破産法には、相続財産の破産の規定もありますが、破産まではせずに解決しているケースが多いと思われます。

| コラム | 限定承認手続の留意点④ |

○弁　済

　限定承認者（または清算人）は、相続財産の換価後、公告期間内に申出のあった債権者に対して弁済をする必要があります。相続財産が債権総額よりも少ない場合、その弁済は、破産管財業務における配当同様、相続財産を債権額で按分して弁済（民法929条）することになります。

　この点、破産の場合、破産法で財団債権や破産債権の位置付けなどが整理されており、また配当手続も法定されており、これら規定に基づき債権の整理や配当手続を行うことになります。ところが、限定承認の場合、同929条が「第927条第1項の期間が満了した後は、限定承認者は、相続財産をもって、その期間内に同項の申出をした相続債権者その他知れている相続債権者に、それぞれその債権額の割合に応じて弁済をしなければならない。ただし、優先権を有する債権者の権利を害することはできない。」と規定するのみで、具体的な手続きは法定されていません。

　その一方で、同929条に違反する弁済を行えば、これによって生じた損害を賠償する責任を負うことになります。すなわち、限定承認者（または清算人）は、法律に基づく具体的な配当手続が法定されていないなか、自らの責任において同手続きを行わなければならないため慎重を要します。

　筆者が清算人を代理した事案では、破産管財業務における配当手続を参考に、債権者に換価業務を報告するとともに配当表を作成し、全債権者がこの内容に同意することを条件に配当手続を行うことで対応しました。

Q7 限定承認と保証債務、物上保証

被相続人が会社の代表者であり、会社の債務を連帯保証しています。また、自宅不動産に抵当権が設定されています。この場合、相続人が限定承認をするとどのような処理がされるのでしょうか。

限定承認者は、被相続人が負っていた連帯保証債務についても限定承認による清算手続に従って弁済する必要があります。自宅不動産の抵当権については、被相続人の相続手続とは無関係に権利を実行されるのが原則ですが、限定承認者は先買権を実行することで、これを手元に残しておくことができる可能性があります。

解説

1 被相続人が連帯保証債務を負っている場合

被相続人が会社の代表者であるような場合、会社が負担する債務の連帯保証人となっているケースが多々あります。このような連帯保証債務の場合、通常の保証債務と異なり、催告の抗弁権（民法452条）がありませんので、債権者から弁済を求められた場合には全額を弁済しなければなりません。限定承認手続においては、限定承認者は、被相続人が負っていた連帯保証債務についても限定承認による清算手続に従って弁済する必要があります。

このように、会社が債務不履行をしているわけではない場合、金

融機関からの借入金については期限の利益がある場合が多いと思われます。代表者の死亡よっても会社債務の期限の利益を失うわけではありませんが、限定承認手続においては、期限未到来の債務であっても中間利息を控除することなく、これを弁済する必要があります。なお、このようにして支払った金額は主債務者（会社）に求償可能です。したがって、連帯保証債務が限定承認手続の中で処理されるため、その後にあらためて相続人が連帯保証の履行を請求されることはないということになります。

　なお、限定承認者は、相続債権者に対して公告をするだけではなく、知れたる債権者に対しては各別に催告をする義務がありますが、限定承認者が会社経営などに関与していない場合、連帯保証債務の存在を知らないために催告を行うことができないという場合もあり得ます。その場合、相続債権者としては、公告で決められた請求申出期間内に申出を行わないと限定承認手続での弁済からは除外され、残余があった場合にのみ弁済を受けることができるに過ぎないという結果になってしまいますので注意が必要です。

　また、限定承認者には相続債権者等の存否を調査する義務はありませんが、一方で、明らかに連帯保証債務の存在が疑われるような事情があるにもかかわらず、各別の催告を行わなかったようなときには、損害賠償責任（民法934条１項）の問題が生じうるので、この点も注意が必要かと思われます。

2　相続人が連帯保証債務を負っている場合

　被相続人が会社の代表者であるような場合、相続人も親族として会社の債務を連帯保証しているケースがあります。この場合、親族が負っている連帯保証債務は相続の影響を受けません。したがって、相続人は限定承認をしたとしても、連帯保証人としての固有の立場で、限定承認手続に影響されることなく、全額の支払義務を負

うこととなります。この場合も、支払後には主債務者に対して求償が可能です。

3　物上保証がされている場合

　被相続人が会社の代表者であるような場合、会社の借入債務について所有する自宅不動産に抵当権を設定しているようなケースがあります。この場合も、抵当権のような担保権は相続手続には影響されず、債権者は全額について担保権を実行できるのが原則です。

　しかしながら、限定承認手続においては、限定承認者は先買権を持っています。被相続人の自宅不動産は相続財産に含まれますので、限定承認者は、この被相続人の抵当権付きの自宅不動産に対して先買権を行使することが可能です。具体的には、相続人は、家庭裁判所に鑑定人の選任を申し立てて、その鑑定人の評価に従い自宅不動産の価額を弁済してこれを取得することができ、こうすることで自宅不動産を保持することが可能となります。その場合、価額の弁済は、抵当権者に支払うことができるとされています。もし評価額が抵当権の被担保債権額よりも高額な場合には、被担保債権額を抵当権者に支払い、残額を相続財産清算人に支払うことになります。

　また、このように評価額を抵当権者に支払うことで、もし相続人自らが固有の連帯保証債務を負っているような場合には、当該弁済額について、連帯保証債務の責任も減少することになります。この場合も、相続人の出捐によって主債務者の債務が減少したのであれば、その分については求償が可能なのではないかと考えられます。

第12章

限定承認と税金問題

　相続に関して限定承認を選択するかについて検討する場合は、必ずいかなる税金がかかるかを税理士や税務署の専門家からアドバイスを受けていただくようご注意ください。

Q1 みなし譲渡所得課税

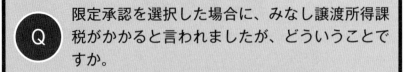

Q 限定承認を選択した場合に、みなし譲渡所得課税がかかると言われましたが、どういうことですか。

A 税法上、現実に譲渡はされていないが、譲渡したこととして取り扱うことです。

解　説

　単純承認の場合も、相続財産の金額によっては、相続税の問題が生じますが、限定承認を選択した場合、「みなし譲渡所得課税」という問題が生じます。

　みなし譲渡所得課税とは、限定承認をした場合、相続人が相続開始を知った時に資産のある場合、その時の時価で、当該資産が譲渡されたものとみなされるというものです（所得税法59条1項1号）。

　被相続人が不動産を有していた場合を例にとりますが、生前に5,000万円で購入した土地があった場合、死亡日に時価7,000万円に値上がりしていた場合には、2,000万円の譲渡益があることとなり、その部分は所得税の対象となるということです。実際に譲渡していないのに譲渡したこととみなすので、「みなし譲渡所得課税」といわれます。税率は、長期か短期かで異なりますが、ここで算定された税金が被相続人の負債として加算されます。

　値下がりしていた場合は、譲渡益はないので所得税は発生しません。不動産以外にも、動産、有価証券等、一切の資産について取得価額と時価とを比較することとなります。

　税金が具体的にいくらとなるかは、取得原価の計算等、事案ごと

に異なりますので、被相続人の資産取得時より相続開始時において値上がりが見込まれる場合はご注意ください。

Q2 相続財産に、家賃収入や株や債券の配当がある場合

Q 限定承認を選択した場合で、相続財産に家賃収入や株や債券の配当がある場合はどういう処理をすべきでしょうか？

A 被相続人死亡後に発生する家賃収入や、株や債券の配当金などの法定果実は、原則として相続財産ではありません。

解説

単純承認の場合であれば、遺産分割協議で特段の定めのない場合には、これらの法定果実は法定相続分に応じ、各法定相続人に帰属することとなります。

例えば、毎月賃料が100万円発生する賃貸物件が相続財産であった場合で、配偶者と子が2人の例でいうと、令和6年1月1日に被相続人が死亡し、令和6年6月1日に遺産分割協議で当該賃貸物件を配偶者が相続するとなった場合、5か月分の賃料500万円は、配偶者が250万円、子2人が各125万円を取得することとなります。

また、遺産分割協議が成立するまでの賃料を配偶者が取得すると合意した場合には、5か月分の賃料も配偶者が取得します（最判平17・9・8民集59巻7号1931頁、東京高決昭63・1・14家月40巻5号142頁）。

第12章 限定承認と税金問題 149

それでは、限定承認を行った場合は、この法定果実はどのように扱うべきでしょうか。

　考え方の1つは、死亡後の法定果実は相続財産ではないという前提に立って、各法定相続人の所得であるとするものです。国税庁の質疑応答事例では、この考え方による以下のような回答がされています。

　「限定承認とは、被相続人の残した債務等を相続財産の限度で支払うことを条件として相続を承認する相続人の意思表示による相続形態をいい、いわば条件付の相続にすぎず、その相続財産から生じる果実に対する課税関係については、単純承認の場合と特に異なる取扱いをする必要は認められません。」

　もう1つの考え方は、限定承認の場合は、法定果実も相続債務弁済に充てられるべきであるが、債務が完済され余剰の出た場合は、各法定相続人の所得として処理をするという考え方です。

　大審院の判例には、後者の考え方に立つものがあります（大判大3・3・25民録20輯230頁、大判大4・3・8民録21輯289頁）。

　なお、上記質疑応答事例は、「この質疑事例は、照会に係る事実関係を前提とした一般的な回答であり、必ずしも事案の内容の全部を表現したものではありませんから、納税者の方々が行う具体的な取引等に適用する場合においては、この回答内容と異なる課税関係が生ずることがあることにご注意ください。」と注書きされていますので、具体的事案に関しては専門家のアドバイスを受けることをお勧めします。

Q3 被相続人の準確定申告の期限と熟慮期間の伸長

被相続人の準確定申告の期限は、相続の開始を知ったときから4か月ですが、相続するか否かの熟慮期間は、3か月で延長が認められています。熟慮期間を延長した場合、準確定申告の期限も延長されるのでしょうか。

延長はされません。

解説

　法人と異なり個人の場合は、1月1日から12月31日までの1年間に得た所得に対して所得税を納税しますが、1年の途中で死亡した場合、1月1日から死亡した日までの所得を相続の開始があったことを知った日の翌日から4か月以内に申告と納税をしなければなりません。これが準確定申告です（所得税法125条1項）。

　限定承認を選択した場合、被相続人が生前得ていた所得に加え、本章Q1のみなし譲渡所得のある場合は、これもあわせて申告しなければなりません。

　単純承認または限定承認をするか、それとも相続放棄をするかの熟慮期間は、相続の開始があったことを知った日から3か月以内ですので（民法915条1項）、その期間内にどれにするかを選択した場合は、準確定申告期限はその後となります。ただし、この熟慮期間は、請求により伸長することができるため、伸長された期間によっては準確定申告の期限を過ぎてしまうことがあります。この場合

に、準確定申告の提出期限も延長されるかという問題があります。

　結論として、準確定申告の期限は延長されません（東京高決平15·3·10訟月50巻8号2474頁、東京地決平14·9·6訟月50巻8号2483頁）。したがって、熟慮期間を伸長した場合、限定承認をするか否かの判断が決まらないとしても、限定承認を選択する可能性がある以上、みなし譲渡所得を含めた準確定申告をせざるを得なくなります。

Q4 みなし相続財産と相続税─生命保険金、退職金など

Q 税法上、生命保険金はみなし相続財産といわれているそうですが、どのようなものがこれにあたりますか。これを受け取った場合には、相続税はどうなるのでしょうか。

A 死亡退職金、生命保険金の他、いくつかのものが税法上定められています。相続税の概要は後掲の表のとおりです。

解　説

　相続税は、原則として、被相続人の財産を相続や遺贈（死因贈与を含む）によって取得した場合に、その取得した財産にかかりますが、それ以外にも下記のように「みなし相続財産」といって相続税法の規定などにより、後掲のとおり、相続税の対象となるものがあります。

　①　死亡退職金、被相続人が保険料を負担していた生命保険契約

の死亡保険金など

② 被相続人から生前に贈与を受けて、贈与税の納税猶予の特例の適用を受けていた農地、非上場会社の株式や事業用資産など

③ 教育資金の一括贈与に係る贈与税の非課税の適用を受けた場合の管理残額（死亡日において受贈者が23歳未満である一定の場合などを除く）

④ 結婚・子育て資金の一括贈与に係る贈与税の非課税の適用を受けた場合の管理残額

⑤ 相続や遺贈で財産を取得した人が、加算対象期間内（被相続人の相続開始日が令和8年12月31日以前の場合は、加算対象期間は相続開始前3年以内）に被相続人から暦年課税に係る贈与によって取得した財産（一定の特例の適用を受けた場合を除く）

⑥ 被相続人から、生前、相続時精算課税の適用を受けて取得した贈与財産

⑦ 相続人がいなかった場合に、民法の定めによって相続財産法人から与えられた財産

⑧ 特別寄与者が支払を受けるべき特別寄与料の額で確定したもの

　限定承認を選択した上で、これらのみなし相続財産を取得した場合に、相続税の納税はどのようになるかが問題となりますが、この場合には、特に被相続人の負債の取扱いが問題となります。結論としては、限定承認は、資産の範囲内で負債を支払うという関係から、相続税の申告に負債を計上することはできません。

　ちなみに、簡単な例として、預貯金8,000万円、生命保険金5,000万円、借入金1億円で、相続人1人（子）の単純承認、限定承認、相続放棄の場合を説明すると、次ページの表のとおりです。これは、極めて単純な例で、複数の資産、複数のみなし相続財産、複数

の負債がある場合には、専門家のアドバイスを受けることをお勧めします。なお、下表はあくまで、1つの例で、常に同じ結論というわけではありませんが、負債が資産より多い場合は、限定承認のほうが相続放棄より最終的な手取金額が若干多い可能性はあります。

		単純承認	限定承認	相続放棄
預貯金	¥80,000,000	¥80,000,000	¥0	¥0
生命保険金	¥50,000,000	¥50,000,000	¥50,000,000	¥50,000,000
非課税金額	¥5,000,000	¥5,000,000	¥5,000,000	¥0
小計		¥125,000,000	¥45,000,000	¥50,000,000
借入金	¥100,000,000	¥100,000,000	¥0	¥0
小計		¥25,000,000	¥0	¥0
基礎控除	¥36,000,000	¥36,000,000	¥36,000,000	¥36,000,000
小計		¥0	¥9,000,000	¥14,000,000
税額		¥0	¥900,000	¥1,600,000
手取金額		¥30,000,000	¥49,100,000	¥48,400,000

Q5 限定承認における税金の申告

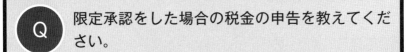

Q 限定承認をした場合の税金の申告を教えてください。

A あくまで例ですが、下記のとおりです。

解説

1つの例として、限定承認をした場合の各税金の算定を説明します。まず、相続財産としては、預貯金8,000万円、不動産死亡時鑑定評価額7,000万円（取得原価5,000万円、相続税評価額路線価方式6,500万円）、借入金1億5,000万円、生命保険金5,000万円とします。相続人は子供が1人とします。

まず、限定承認を選択した場合、みなし譲渡課税がされます。

　　死亡時鑑定評価額　7,000万円
　　取得原価　　　　　5,000万円

ですので、差額の2,000万円に長期譲渡所得課税20.315％の4,063,000円の税金が発生します。

この譲渡所得税と借入金の合計154,063,000円が負債総額です。

不動産が8,000万円で売却できたとすれば、合計1億6,000万円が返済原資となり、上記負債を全額返済します。

一方、相続税ですが、不動産の評価額が路線価方式で6,500万円となり、また、生命保険金の5,000万円が500万円を控除した4,500万円がみなし相続財産で加算されます。ここから、負債総額を控除した3,593万7,000円が課税対象となりますが、基礎控除額が3,600万円

第12章　限定承認と税金問題　155

ですので、相続税はかかりません。

　ここで、不動産の売却に関し、譲渡所得税が発生します。取得原価は死亡時鑑定評価額の7,000万円ですので、売却価格8,000万円との差額1,000万円が所得となり、39.63％の税率で、396万3,000円の譲渡所得税が発生します。以上は、あくまで一例で、仲介手数料など所得原価に加算されるものは一切配慮していません。

預貯金	¥80,000,000
不動産・取得原価	¥50,000,000
不動産・死亡時鑑定評価	¥70,000,000
不動産・路線価	¥65,000,000
不動産売却価格	¥80,000,000
生命保険金	¥50,000,000
借入金	¥150,000,000

死亡時みなし譲渡課税	¥4,063,000
負債総額	¥154,063,000

負債返済原資	¥160,000,000

差引	¥5,937,000

○相続税算定

預貯金	¥80,000,000
不動産・路線価	¥65,000,000
負債総額	¥154,063,000
生命保険金	¥50,000,000
非課税金額	¥5,000,000
	¥35,937,000

基礎控除額	¥36,000,000

課税対象	¥0

譲渡所得税	¥3,963,000

コラム　限定承認手続の留意点⑤

○税　務

　限定承認も相続であるため、相続税が発生します。限定承認の場合、いわゆるみなし資産譲渡が生じ、上昇益を被相続人の債務として計上し申告する必要があります。

　かかるみなし譲渡資産の計算及び申告のために、限定承認の場合、税理士の協力が不可欠となります。

Q6 限定承認において注意すべき不動産の価格

限定承認をしますが、不動産がある場合、どこに注意すべきでしょうか。

不動産の価格が各税金申告時に変わる可能性があります。

解説

限定承認を選択した場合は、下記の①②③の税金計算の関係で、不動産の価格が問題となります。
① 死亡時のみなし譲渡所得税
② 死亡時の相続税
③ 負債弁済のために、不動産を譲渡した場合の譲渡所得税

なお、③の類型としては、先買権行使による不動産鑑定評価額による譲渡所得税も考えられます。
譲渡所得税を簡単に説明しますと、
　　（譲渡価格－取得原価）×税率
ということです。税法上、取得原価をどのように計算するか、どこまで加算できるかという問題はあります。取得が古すぎて、取得原価がわからないときの処理という問題もあります。
　①については、死亡時の不動産鑑定評価額と取得原価との差額が所得となります。②については、死亡時の相続税評価額で、土地は路線価方式か固定資産税評価額の倍率方式が原則です。

また、建物は、固定資産税評価額が原則です。ただし、タワーマンションに関しては、税務署において、「評価通達6に基づき、評価通達に定められた評価方法によらずに、一般財団法人日本不動産研究所に所属する不動産鑑定士が鑑定評価した不動産鑑定評価書」の評価額を用いた例があります（東京高判令3・4・27訟月69巻3号363頁）。なお、このように不動産鑑定評価を用いる場合は、①と②の金額はほぼ同じとなる可能性が高いです。

　③については、実際に譲渡したときの価格と①の死亡時の鑑定評価額との差額が所得となります。先買権で鑑定した場合は、死亡時の鑑定評価額との差額ということとなります。

　不動産の評価額に関しては、専門家のアドバイスを受けることをお勧めします。

Q7 限定承認における小規模宅地等の特例の適用

> **Q** 被相続人は私の父で、長男の私は父と同居していました。次男と私の2人が共同相続人で、限定承認を選択しましたが、相続税の申告で小規模宅地の特例の適用は受けられますか。
>
> **A** 原則として、適用は受けられません。

解 説

　小規模宅地等の特例の適用を受けると、対象土地の相続税評価額を下げる効果がありますが、そのためには、原則として、相続税の

申告期限までに、相続人間で遺産分割協議が成立して、特例対象土地を、特例の適用を受けられる相続人（配偶者・同居親族等）が取得していなければなりません。

限定承認をしただけであれば、土地は共有状態ですので、適用を受けることはできませんが、相続人の誰かが先買権の行使により対象土地を取得した場合には、適用の可能性が出てきます。

第13章

最新の法改正・新しい制度との関係

Q1 相続放棄をした者の相続財産の管理義務

Q 相続放棄をした場合、その後に相続財産を管理する必要は全くないのでしょうか。

A 相続放棄をした者が相続財産を占有しているとき、その放棄をしたことから相続人になった者がいる場合は、その相続人に、また、相続人が全くいなくなった場合は、相続財産清算人に引き渡すまでの間、自己の財産におけるのと同一の注意をもって、その財産を保存する義務があります。

解　説

　令和3年改正後の民法940条1項では、「相続の放棄をした者は、その放棄の時に相続財産に属する財産を現に占有しているときは、相続人又は民法952条第1項の相続財産の清算人に対して当該財産を引き渡すまでの間、自己の財産におけるのと同一の注意をもって、その財産を保存しなければならない。」として、管理義務の内容と終期を明確にしました。よって、相続放棄をした者が、相続財産を占有している場合は、その放棄をしたことから相続人になった者がいる場合は、その相続人に、また、相続人が全くいなくなった場合は、相続財産清算人に引き渡すまでの間、自己の財産におけるのと同一の注意をもって、その財産を保存する義務があることになります。

　なお、この場合の「占有」とは、直接占有のみならず不動産を賃貸している場合等の間接占有も含むとされています。

また、相続人等の相続財産の引渡しを受けるべき者がその受領を
拒んだときやこれを受領することができないときは、対象の相続財
産が金銭である場合は、相続の放棄をした者はその財産を供託（同
494条）することができ、一方、対象の相続財産が不動産等の金銭
以外の財産であって、供託に適しないような場合には、相続の放棄
をした者は、裁判所の許可を得て、これを競売に付し、その代金を
供託する（同497条）ことでその管理義務を終了させることができ
ます。

Q2 相続人がすべて相続放棄した場合の相続財産の帰趨

Q 相続人全員が相続放棄をした場合、相続財産はどうなりますか。

A 　相続財産は、相続財産法人という法人になり、民法の条文上は相続財産清算人（旧民法下では管理人）を選任しなければならないとされています。

解　説

　ある被相続人について、共同相続人の一部の人が相続放棄をした
場合は、残りの相続人で遺産分割協議等をすることになりますが、
第１順位から第３順位までのすべての相続人が相続放棄をした場合
は相続人がいないことになります。
　このように、推定相続人の全員が相続を放棄した結果として相続
人がいなくなる場合（及び、そもそも推定相続人が戸籍上、存在し
ない場合）、相続財産は、相続財産法人という法人になり（民法951

第13章　最新の法改正・新しい制度との関係　163

条）、民法の条文上は相続財産清算人（令和２年改正前民法下では相続財産管理人）を選任しなければならないとなっています（同952条１項）。

　ただ、実際は、多額の財産がある場合や抵当不動産等があって換価により抵当権者が債権を回収したい場合、他の被相続人の遺産分割の当事者である場合など何らかの必要がある場合にのみ清算人が選任されています。

　相続財産清算人が選任されると、清算人が選任された旨と６か月の間に相続人がいたら名乗り出るべき旨の捜索の公告が官報に掲載され（同952条２項）、その６か月の間に２か月以上の期間をおいて、被相続人の債権者または受遺者に対して、債権等があれば届出をすることを催告する旨の公告がなされます（同957条）。

　民法改正前は、３回の公告（選任・債権者等に対する催告・相続人捜索）を１つひとつ順番にする必要があり、その期間だけで１年程度かかってしまっていたのですが、令和２年の民法改正により上記のように期間が短縮されました。

　清算人は、その間に被相続人の財産等を調査し、正の相続財産と負の相続財産を明らかにしたうえで、正の財産から負の財産である債務を弁済する等をし、財産が残った場合、特別縁故者（相続人ではないが、被相続人の生前に、被相続人と生計を同じくしていた者、被相続人の療養看護に努めた者等特別の縁故があった者）から相続財産の分与の申立てがあり、それに対して、裁判所が相続財産の分与の審判をした場合は、その分与を実行しそれでも残余財産がある場合には、費用等を差し引いたうえで最終的には、残余財産を国庫に帰属させます（同958条の２、959条）。

　民法上は、所有者のない動産は、所有の意思をもって占有することによってその所有権を取得し、不動産は、国庫に帰属する（同239条）となっていますが、実務上は、どちらも原則は換価し金銭にして国庫に引き継ぎます。

Q3 遺贈または特別寄与料の支払請求における相続放棄

①被相続人が遺言書で遺贈を定めていましたが、遺言執行者を定めていない場合に、相続人全員が相続放棄をした場合、または、②特別寄与料の支払いの請求を受ける可能性がある場合において、相続人の中に相続放棄をした者がいる場合、その後の手続きにどう影響しますか。

相続人全員が相続放棄をした場合、相続人が不存在となりますので、①遺言執行者が定められていない場合は、相続財産清算人が遺贈義務者となり、また、②特別寄与料請求をする者は、相続財産清算人に対して、特別寄与料を請求することになります。

解説

1 遺贈義務者

遺贈において、特別の手続きや行為が必要なものがある場合、その手続きや行為を実行する義務を負う者を遺贈義務者といいます（民法987条）。遺贈義務者は、通常は相続人ですが、遺言執行者も遺贈義務者であると考えられています。

遺言執行者が定められていない場合に、相続人が全員相続放棄をしてしまった場合、相続人が不存在となりますので、相続財産清算人（令和2年民法改正前は相続財産管理人）が遺贈義務者となると考えられています。

第13章 最新の法改正・新しい制度との関係 165

2 特別寄与者

特別寄与者とは、相続人ではないものの相続人の親族であって、被相続人に対する療養看護その他の労務の提供により、被相続人の財産の維持または増加について特別の寄与をしたとして、相続が開始した後、相続人に対し特別寄与者の寄与に応じた額の金銭（特別寄与料）の支払いを請求することができる者のことです（民法1050条1項）。

相続人のなかに相続放棄をした者がいる場合、最初から相続人でなかったことになりますので、相続分を観念できず特別寄与料の請求の相手方になりません。よって、その場合特別寄与者は、その他の相続人に対して特別寄与料の請求をすることができます。残った相続人が複数いる場合は、特別寄与者は相続人ごとに当該相続人の（相続放棄後の相続人の割合での）相続分に従った特別寄与料の支払請求権を有します。

本問のように、相続人全員が相続放棄をした場合、相続人が不存在となりますので、特別寄与者は、相続財産清算人に対して特別寄与料を請求することになります。

Q4 10年経過後の相続放棄と遺産分割協議

Q ある被相続人について、遺産分割協議が10年以上なされていなかったところ、最近になって協議をしたいという話になったらしいのですが、それまでその被相続人の死亡を知らなかった相続人が相続放棄をしたとのことで、それにより私が相続人の1人になったと言われました。私は今からどのように協議に参加できるのでしょうか。

A 相続放棄により新たに相続人になった者は、6か月を経過する前に家庭裁判所に遺産の分割の請求をすれば、具体的相続分による遺産分割を求めることができます。

解 説

　令和3年の民法改正で、相続開始の時から10年を経過した後にする遺産の分割については、一定の場合を除き法定相続分により遺産分割を行うこととされました（民法904条の3）。

　改正前は、遺産分割については期間の制限がなく相続開始後長期間を経て相続人が遺産分割を求める場合には、二次相続等による当事者の増加や、特別受益や寄与分に関する証拠等が散逸する等により、遺産分割が円滑になされないことがあることが問題になっていたことから、そのような改正がなされたものです。

　ただ、相続開始時から10年を経過した場合でも、①相続開始の時

第13章　最新の法改正・新しい制度との関係　167

から10年を経過する前に、相続人が家庭裁判所に遺産の分割の請求をしたとき、または②相続開始の時から始まる10年の期間の満了前6か月以内の間に、遺産の分割を請求することができないやむを得ない事由が相続人にあった場合において、その事由が消滅した時から6か月を経過する前に、当該相続人が家庭裁判所に遺産の分割の請求をしたときは、法定相続分でなく、特別受益や寄与分を加味した具体的相続分により、遺産分割を行うことができるとされています（民法904条の3但書）。

本問のように、相続開始時から10年を経過した後に第1順位である相続人が有効に相続放棄をしたような場合には、後順位の相続人である直系尊属や兄弟姉妹に上記②のやむを得ない事由があったものといえると思われます。

このような場合には、これらの相続人は6か月を経過する前に家庭裁判所に遺産の分割の請求をすれば、具体的相続分による遺産分割を求めることができると思われます。

Q5 相続放棄の不動産の登記申請義務への影響

相続人の中に相続放棄をした者がいる場合、残った相続人の不動産の登記申請義務の起算点はいつからになりますか。

共同相続人のうちの一部の者が相続放棄をした場合、当該相続放棄をした者を除いたうえで算定された法定相続分に応じて当該不動産の権利を取得したことを知った日（相続放棄がされたことを知った日）から3年以内に上記法定相続分に応じた相続登記の申請義務を負います。

解説

　令和3年の改正不動産登記法では、相続または遺贈に関する不動産の登記申請義務が設けられ、相続または遺贈により所有権を取得した相続人に対して3年以内に登記申請をすることが義務付けられ（不動産登記法76条の2第1項・2項、76条の3第4項）、令和6年4月1日から施行されました。

　この義務の発生日については、法文上は、「自己のために相続の開始があったことを知り、かつ、当該所有権を取得したことを知った日」となっています。

　第1順位の相続人（配偶者または子）であれば、「自己のために相続開始があったことを知り」とは、通常は、被相続人が亡くなったことを知った日になるかと思われます。

　これに対し、第2順位以下の相続人は、前順位の相続人がいな

第13章　最新の法改正・新しい制度との関係　169

い、または、前順位の相続人がいなくなったことを知った時が「自己のために相続開始があったことを知り」にあたると思われますが、共同相続人の中に相続放棄をした者がいる場合、その者は、初めから相続人とならなかったとみなされますので（民法939条）、相続分の割合が変更になる、または、次順位の相続人が登記義務を負う等の状況が考えられます。よって、この場合は、当該相続放棄をした者を除いた上で算定された法定相続分に応じて当該不動産の権利を取得したことを知った日（相続放棄がされたことを知った日）から３年以内に相続放棄後の割合に基づく法定相続分に応じた相続登記の申請義務を負うことになります。

　なお、相続放棄がされる前の時点では、相続人には、法定相続分での相続登記の申請義務があったことになりますが、相続放棄がされたことにより、客観的な権利状態と齟齬が生じ、登記の申請義務は客観的に履行不能になったとして、義務違反は生じないと考えられます。

Q6 相続放棄に基づく法定相続登記の更正

Q 相続財産中の不動産について、共同相続人の法定相続分の割合で登記をしたのですが、後から他の相続人の1人が相続放棄をしたと言ってきました。
どのような手続きで不動産の登記を直せばよいですか。

A 令和5年4月1日以降、法定相続登記をした後に相続放棄をした者がいる場合、残った相続人は、単独で、相続放棄後の持分割合による更正登記を申請することができます。

解　説

　相続不動産の登記については、従前の扱いでは、法定相続登記の前に、遺産分割、相続放棄または特定財産承継遺言に基づいて登記をする場合、それらに基づいて権利（持分）を取得した登記権利者が単独で登記をすることができましたが、いったん法定相続登記をしてしまうと、登記権利者と持分を失った登記義務者が、共同で更正登記の申請を行わねばならず、煩雑であるともに、登録免許税を二重に負担しなければならないという問題がありました。

　そこで、令和3年の改正不動産登記法では、相続人に対する遺贈については相続登記と同様に受遺者である相続人の単独申請で遺贈登記が可能となりました（不動産登記法63条3項）。それ伴い、不動産登記の実務が見直され、令和5年4月1日以降、以下の4つの

第13章　最新の法改正・新しい制度との関係　171

ケースで、法定相続登記後に、登記権利者からの単独申請による所有権の更正登記を行うことができるようになりました（法務省民二第538号令和5年3月28日民法等の一部を改正する法律の施行に伴う不動産登記事務の取扱いについて（令和5年4月1日施行関係）（通達）第3その他運用の見直し関係　1法定相続分での相続登記がされた場合における登記手続の簡略化）。

① 遺産分割の協議、審判、調停による所有権の取得
② 他の相続人の相続放棄による所有権の取得
③ 特定財産承継遺言による所有権の取得
④ 相続人が受遺者である遺贈による所有権の取得

　以上から、相続放棄をした者がいる場合、残った相続人は、単独で相続放棄後の共有割合による更正登記を申請することができます。

　この場合の添付書類としては、相続放棄申述受理証明書及び相続を証する市町村長その他の公務員が職務上作成した情報（公務員が職務上作成した情報がない場合にあっては、これに代わるべき情報）が必要です。

　この場合の実際の登記は次ページのようになります。

172

二　他の相続人の相続の放棄による所有権の取得に関する登記の場合

権 利 部 　（甲区）		（所有権に関する事項）		
順位番号	登 記 の 目 的	受付年月日・受付番号	権 利 者 そ の 他 の 事 項	
3	所有権移転	令和何年何月何日 第何号	原因　令和何年何月何日相続 共有者 <u>何市何町何番地</u> <u>持分2分の1</u> <u>甲　某</u> <u>何市何町何番地</u> <u>4分の1</u> <u>乙　某</u> 何市何町何番地 4分の1 丙　某	
付記1号	3番所有権更正	令和何年何月何日 第何号	原因　令和何年何月何日相続放棄 共有者 何市何町何番地 持分2分の1 甲　某 何市何町何番地 2分の1 乙　某	

（注）更正前の共有者を抹消する記号（下線）を記録する。

（上記通達より引用）

Q7 相続放棄と相続土地国庫帰属制度との異同

Q 相続財産中の土地に利用価値がなく、その土地の相続をしたくないと思ったのですが、相続放棄をすると相続財産全部の放棄をすることになると言われて困っていたところ、最近、土地を国庫に帰属させられる制度ができたと聞きました。どのような制度でしょうか。

A 令和5年4月27日から、相続等により土地を取得した者から申請があった場合に、国庫に帰属させることができるという相続土地国庫帰属制度が開始されました。

これによれば、相続財産全部を放棄する相続放棄と異なり、その土地のみの所有権を放棄することができます。ただし、国庫帰属させられる土地には条件があり、どのような土地でも国庫に帰属させられるわけではなく、また、申請者が10年分の土地管理費相当額の負担金を納付する必要があります。

解説

令和3年に「相続等により取得した土地所有権の国庫への帰属に関する法律」（以下、「相続土地国庫帰属法」という。）が制定され、それに基づき、令和5年4月27日から、相続土地国庫帰属制度が開始されました。

これは、相続または相続人に対する遺贈（以下、「相続等」とい

いう。）によって土地を取得した者から申請があった場合に、その土地が通常の管理や処分をするよりも多くの費用や労力がかかる土地として法令に規定されたものにあたらないと法務大臣（法務局）が判断した土地については、申請者が10年分の土地管理費相当額の負担金を納付することによって、国庫に帰属させることができるという制度です。

（法務省ホームページ「相続土地国庫帰属制度の概要」（https://www.moj.go.jp/MINJI/minji05_00457.html）より抜粋）

ただし、以下のような土地については、申請をしても却下または不承認とされるとなっており、どのような土地でも国庫に帰属させられるわけではありません。

(1) 申請をすることができないケース（却下事由）
　　（相続土地国庫帰属法2条3項）

① 建物がある土地
② 担保権や使用収益権が設定されている土地
③ 他人の利用が予定されている土地
④ 土壌汚染されている土地
⑤ 境界が明らかでない土地・所有権の存否や範囲について争いがある土地

(2) 承認を受けることができないケース（不承認事由）
（相続土地国庫帰属法5条1項）

① 一定の勾配・高さの崖があって、管理に過分な費用・労力がかかる土地

② 土地の管理・処分を阻害する有体物が地上にある土地

③ 土地の管理・処分のために、除去しなければならない有体物が地下にある土地

④ 隣接する土地の所有者等との争訟によらなければ管理・処分ができない土地

⑤ その他、通常の管理・処分にあたって過分の費用・労力がかかる土地

以上のような厳しい条件があり、また、国庫に帰属させられるにしても、申請人は費用負担が必要となりますので、そのような条件等があることを前提に利用を検討していただきたいと思います。

Q8 相続土地国庫帰属制度における申請権者と相続放棄・遺贈との関係

Q あまり利用価値のない土地のみが相続財産なので、共同相続人全員で相続放棄の手続きをしようと思っていますが、放棄すると誰も相続人がいなくなり誰かに迷惑をかけると困ることから、相続土地国庫帰属制度の承認申請手続をしたいと考えています。相続放棄をしても申請手続をできますか。もし、この土地が私が遺贈を受けた土地で、私が遺贈を放棄した場合だったらどうでしょうか。

A 相続放棄をした場合には、相続等により土地を取得した者ではないことになりますので、申請権者ではないことになりますが、相続人である者が、土地の遺贈を受けたものの、それを放棄した場合には、結局は、相続により土地を取得することとなりますので、相続土地国庫帰属制度の申請権者となります。

解　説

　令和5年4月27日から開始された相続土地国庫帰属制度の申請ができるのは、相続等によって土地を取得した者とされています。

　本問について考えると、相続放棄をした場合には、その者は初めから相続人でないことになりますので、相続等により土地を取得した者ではないことになり、相続土地国庫帰属制度申請権者ではない

第13章　最新の法改正・新しい制度との関係　177

ことになります。

　これに対し、遺贈の場合、相続人以外の者で遺贈により土地を取得した者は、遺贈の放棄をすることなく自らの意思で対象土地を取得した者であることから、国庫帰属の承認申請権者ではないこととされています。しかし、相続人である者が土地の遺贈を受けた場合には、その放棄をしたとしても、結局は、相続により土地を取得することになりますので、別途、相続放棄をした場合でなければ、相続土地国庫帰属制度の申請権者であることになります。

第14章

渉外相続

Q1 被相続人が日本人でない場合の相続法

> **Q** 外国籍の夫が亡くなりました。夫の相続についてはどこの国の法律が適用されるのでしょうか。
>
> **A** 夫の本国法が適用されます。

解説

　相続の問題を解決するために外国法の適用が必要な場合を渉外相続といいます。設問のような場合や被相続人が外国に財産を有していた場合、相続人が外国に居住しているような場合などが考えられます。

　被相続人が外国籍の方の場合などにどの国の法律が適用されるのか、複数ある法律の中から適用される法律を準拠法といいます。

　日本において渉外相続が発生した場合については、「法の適用に関する通則法」（以下、「通則法」という。）が定めています。通則法は、「この法律は、法の適用に関する通則について定めるものとする」とし（通則法1条）、相続に関しては、「相続は、被相続人の本国法による」（同36条）、「遺言の成立及び効力は、その成立の当時における遺言者の本国法による」（同37条）と規定しています。ここでいう「相続」には、相続の開始原因、相続人の範囲、相続分、遺留分、相続放棄など相続に関する法律問題が含まれます。

　そのため、外国籍の夫が亡くなった場合には夫の本国法が適用されることとなります。ただし、夫の本国法が被相続人の住所地の法律

を準拠法にすると定めている場合、被相続人が居住していた日本法が準拠法となり、同41条本文（「当事者の本国法によるべき場合において、その国の法に従えば日本法によるべきときは、日本法による」）が定める反致の規定より、最終的には日本法が適用されることになります。

　なお、渉外相続は、他国の法律が絡むことから弁護士などの専門家に相談するのがよいでしょう。

Q2　日本人でない被相続人の本国に戸籍制度がない場合の処理

Q　亡くなった外国籍の夫の本国には戸籍制度がありません。相続人の範囲などはどのように証明すればよいのでしょうか。

A　宣誓供述書を作成して、戸籍に代用するのが一般的です。

解　説

　日本では、相続人の範囲やその地位は戸籍によって判明します。しかし、戸籍制度を設けている国は少なく、多くの国では家族関係を公的に証明する制度がありません。そのため、相続人が誰なのかをどのように証明するかが問題となります。

　このような場合、一般的には宣誓供述書を作成し、これを戸籍に代用することになります。宣誓供述書には、相続人自身の身分、被相続人との関係、他に相続人と推定される者がいないことなどを記載することになります。宣誓供述者が日本にいる場合、当該供述者

第14章　渉外相続　181

の出身国の大使館等で対応してもらうことが可能です。必要な書類や手続については大使館等に問い合わせるとよいでしょう。

Q3 亡くなった日本人が海外資産を 有していた場合の相続手続

Q 日本人の夫が海外に財産（遺産）を残して亡くなった場合、どのように手続きを進める必要がありますか。

A 当該財産の存在する国の手続きに従う必要があります。

解 説

　被相続人が日本国籍を有している場合、相続の準拠法は日本法になります。その場合、日本国内の遺産については日本法に基づいて手続きを進めることになります。一方、遺産が外国にある場合には、準拠法は日本法であるものの、現実的には現地で手続きを行うことになります。現地での手続きについては、現地の弁護士を雇い進めてもらうことなると思われます。

Q4 アメリカ合衆国における相続手続概要

Q アメリカにおける相続手続の概要について教えてください。

A 基本的にプロベートと呼ばれる裁判所を通じた相続手続が行われます。

解 説

　プロベートとは、裁判所の下に行われる相続手続のことをいいます。アメリカでは裁判所の管理下で遺産管理の開始から分配までが行われます（管理清算主義）。もっとも、アメリカでの相続手続は各州の法律に従います。そのため、被相続人がどこの州の出身か確認のうえ、同州の州法に従って手続きを進めることになります。

　なお、プロベート手続は、時間と費用を要することから、死亡時譲渡証書（Transfer On Death Deed：TODD）が採用されている州では、TODDにより所有者があらかじめ死亡時に指定した受取人に譲渡する登記手続を行うことで不動産のプロベートを回避することができます。

第14章　渉外相続　183

Q5 韓国における相続手続概要

韓国における相続手続の概要について教えてください。

韓国の相続法は日本法と似ていますが、相続人の範囲、相続放棄・限定承認など日本法と異なる部分もみられます。また、遺言による準拠法の選択が認められています。

解　説

　韓国の民法では、日本と同様、相続が死亡によって開始すること（韓国民法997条）や相続開始の場所が被相続人の住所であること（同998条）など、多くの共通点があります。一方、日本の民法と異なる点もありますので、以下で簡単に説明します。

1　相続人の範囲

　韓国では、次の順位で相続人が決まります（韓国民法1000条）。
①　被相続人の直系卑属（子が相続放棄した場合の孫を含む。）
②　被相続人の直系尊属
③　被相続人の兄弟姉妹
④　被相続人の四親等以内の傍系血族
　配偶者は、①②の相続人がいる場合、その相続人と同順位の共同相続人となり、その相続人がいない場合は単独相続人となります（同1003条1項）。配偶者がいる場合は、③④は相続人になりません。また、①③の配偶者は代襲相続ができます（同1003条2項）。

184

2　相続分

　同順位の相続人が複数いる場合、その相続分は均等となります（同1009条１項）。しかし、配偶者の相続分は上記①②の場合、いずれも５割増しとなります（同条２項）。

3　限定承認

　相続人が複数あるときには、相続人全員でなく各人が限定承認を行うことができます（同1029条）。

4　相続回復請求権

　相続回復請求権は、その侵害を知った日から３年、相続権の侵害行為があった日から10年を経過すると消滅します（同999条２項）。なお、日本法では、相続権の侵害を知った日から５年、相続開始のときから20年とされています（民法884条）。

5　遺　言

　韓国民法では、日本と同様、普通方式の遺言として自筆証書、公正証書、秘密証書の３種類を認めています。加えて、韓国では、録音による遺言も認められています。録音による遺言は、遺言者が遺言の趣旨、氏名及び年月日を口述し、証人が遺言の正確性及び氏名を口述しなければなりません（韓国民法1067条）。

　在日韓国人の相続に関する準拠法は韓国法ですが、遺言書に記載することで日本法を選択することもできます。

第14章　渉外相続　185

6　遺留分

韓国民法では遺留分の権利者と遺留分について、次のとおり定めています（韓国民法1112条）。

① 被相続人の直系卑属は、その法定相続分の2分の1
② 被相続人の配偶者は、その法定相続分の2分の1
③ 被相続人の直系尊属は、その法定相続分の3分の1
④ 被相続人の兄弟姉妹は、その法定相続分の3分の1

Q6　台湾における相続手続概要

台湾における相続手続の特徴について教えてください。

台湾における相続においては、限定承認が原則となり、相続人は被相続人の債務に対し有限責任しか負担しない点に特徴があります。

解　説

1　相続の効力及び限定承認

台湾民法1148条1項は、「相続人は、この法律に別段の定めがある場合を除き、相続開始のときから被相続人に属した一切の権利義務を承継する。ただし、被相続人の一身に属したものはこの限りではない。」と規定し、同条2項は、「相続人は被相続人の債務につき、相続によって得た財産の限度においてのみ弁済の責任を負う」と定めており、限定承認が原則とされています。

2　日本の相続法との違い

日本と台湾の相続法には異なる点もあるため、主なものを紹介します。

(1)　相続人の範囲及び相続分

台湾では、次の順位で相続人が決まります（台湾民法1138条、1139条）。また、同順位の相続人の相続分は均等となります（同1141条）。

①　被相続人の直系卑属（親等の近い者が優先される）
②　被相続人の父母
③　被相続人の兄弟姉妹
④　被相続人の祖父母

(2)　配偶者の相続分

上記①の相続人が遺産を相続する場合、同順位の相続人と均等に分配されます。②または③の順位の相続人が遺産を相続する場合、配偶者の相続分は2分の1となります。④の順位の相続人が遺産を相続する場合、配偶者の相続分は3分の2となります（同1144条）。

(3)　代襲相続

台湾民法1140条は、「1138条に定める第1順位の相続人が、相続開始前に死亡し又は相続権を喪失したときは、その直系卑属がその相続分を代襲相続する」と規定しています。つまり、台湾では、代襲相続は、被相続人の直系卑属のみで、被相続人の兄弟姉妹については認められていないことになります。

第14章　渉外相続　187

⑷ 遺　言

　台湾では、自筆証書遺言（台湾民法1190条）、公正証書遺言（同1191条）、秘密証書遺言（同1192条）、代筆遺言（同1194条）、口授証書遺言（同1195条）の5種類があります。

⑸ 遺留分

　台湾民法では遺留分の権利者と遺留分について、次のとおり定めています（同1223条）。
① 被相続人の直系卑属は、その法定相続分の2分の1
② 被相続人の父母は、その法定相続分の2分の1
③ 被相続人の配偶者は、その法定相続分の2分の1
④ 被相続人の兄弟姉妹は、その法定相続分の3分の1
⑤ 被相続人の祖父母は、その法定相続分の3分の1

⑹ 相続放棄

　自己のために相続開始があったことを知ったときから2か月以内に書面で法院に相続放棄の申立てを行い、また、その放棄によって相続人となるべき者に対しても書面でこれを通知しなければならないと規定されています（同1174条）。

第15章

事例と書式

　本章に掲載している書式は、日本法令ホームページよりダウンロードすることができます。ダウンロード方法は、巻末ページをご確認ください。

【相続放棄事例１】債務超過のため相続放棄をする場合

　　申述人田中太郎は、自身の父である田中親雄の死亡に伴い、親雄の資産関係について調査しました。調査の結果、親雄は多額の負債を残していることが判明したので、弁護士甲野一郎に依頼し、相続放棄を行うこととしました。

受付印	**相 続 放 棄 申 述 書**
	（この欄に収入印紙８００円分を貼ってください。）
収入印紙　　　　円	
予納郵便切手　　　円	（貼った印紙に押印しないでください。）

準口頭		関連事件番号　平成・令和　　　年（家　　）第　　　　　　号

●　●　家庭裁判所 　　　　　　御中 令和　　年　　月　　日	申　述　人 未成年者などの場 合は法定代理人 の記名押印	申述人手続代理人 　　弁護士　甲　野　一　郎　㊞ （住所等は別紙手続代理人目録記載のとおり）

添付書類	（同じ書類は1通で足ります。審理のために必要な場合は、追加書類の提出をお願いすることがあります。） □戸籍（除籍・改製原戸籍）謄本（全部事項証明書）　合計　　通 □被相続人の住民票除票又は戸籍附票 □

申述人	本　籍 （国　籍）	●●　都道 　　　府県　●●市・・・			
	住　所	〒×××－×××× ●●県●●市・・・	電話　××（××××）×××× （　　　　方）		
	フリガナ 氏　名	タナカ　タロウ 田　中　太　郎	昭和 平成　××年××月××日生 令和　　（××歳）	職業	会社員
	被相続人と の関係	※　　　①子　　2　孫　　3　配偶者　　4　直系尊属（父母・祖父母） 被相続人の……　　5　兄弟姉妹　　6　おいめい　　7　その他（　　　）			

法定代理人等	※ 1　親権者 2　後見人 3	住　所	〒　　－ 	電話　（　　　） （　　　方）	
		フリガナ 氏　名		フリガナ 氏　名	

被相続人	本　籍 （国　籍）	●●　都道 　　　府県　●●市・・・		
	最後の 住　所	●●県●●市・・・	死亡当時 の職業	無職
	フリガナ 氏　名	タナカ　チカオ 田　中　親　雄	平成 　　　　××年××月××日死亡 令和	

（注）太枠の中だけ記入してください。　※の部分は、当てはまる番号を○で囲み、被相続人との関係欄の7、法定
　　　代理人等欄の3を選んだ場合には、具体的に記載してください。

相続放棄（1／2）

第15章　事例と書式　191

申　述　の　趣　旨
相　続　の　放　棄　を　す　る　。

申　述　の　理　由

※
　相続の開始を知った日・・・・令和××年××月××日

　　①　被相続人死亡の当日　　　　3　先順位者の相続放棄を知った日
　　2　死亡の通知をうけた日　　　4　その他（　　　　　　　　　）

放　棄　の　理　由	相　続　財　産　の　概　略	
※ 　1　被相続人から生前に贈与 　　を受けている。 　2　生活が安定している。 　3　遺産が少ない。 　4　遺産を分散させたくない。 　⑤　債務超過のため。 　6　その他 　　〔　　　　　　　　　〕	資	農　地……約＿＿＿＿＿平方メートル 山　林……約＿＿＿＿＿平方メートル 宅　地……約＿＿＿＿＿平方メートル 建　物……約＿＿＿＿＿平方メートル
	産	現金・預貯金……約＿＿＿＿＿万円 有価証券……約＿＿＿＿＿万円
	負　　債……………………　約＿＿＿＿＿＿＿万円	

（注）太枠の中だけ記入してください。　※の部分は，当てはまる番号を○で囲み，申述の理由欄の4，
　　　放棄の理由欄の6を選んだ場合には、（　　　　）内に具体的に記入してください。

相続放棄（2／2）

【相続放棄事例２】遺産の分散を回避するために相続放棄をする場合

　申述人花村春美は、自身の夫である花村夏雄の死亡に伴い、相続について考えました。春美と夏雄は、長年の不妊治療の結果授かった未成年の子である長男の秋彦を溺愛しており、夏雄の遺産をすべて秋彦に渡したいと考えました。

　そこで、弁護士甲野一郎に依頼し、自身は相続を放棄した上で、夏雄の遺産は秋彦に相続させることとしました。

受付印	相 続 放 棄 申 述 書
	（この欄に収入印紙８００円分を貼ってください。）

収 入 印 紙	円
予納郵便切手	円

（貼った印紙に押印しないでください。）

準口頭		関連事件番号　平成・令和　　　年（家　　）第　　　　　　　号

● ● 家 庭 裁 判 所 御 中 令和　　年　　月　　日	申　述　人 （未成年者などの場合は法定代理人の記名押印）	申述人手続代理人 　弁護士　甲野　一郎　印 （住所等は別紙手続代理人目録記載のとおり）

添付書類	（同じ書類は１通で足ります。審理のために必要な場合は、追加書類の提出をお願いすることがあります。） □戸籍（除籍・改製原戸籍）謄本（全部事項証明書）　合計　　通 □被相続人の住民票除票又は戸籍附票 □

申 述 人	本　籍 （国　籍）	●●　都 道　●●市・・・ 　　　　府 県			
	住　所	〒×××－××××　　　　　　　　　電話　××（××××）×××× ●●県●●市・・・　　　　　　　　　　　　　　　　（　　　　　方）			
	フリガナ 氏　名	ハナムラ ハルミ 花 村 春 美	昭和 平成　××年××月××日生 令和　　　（××歳）	職業	会社員
	被相続人との 関係	※　　　　　　　１ 子　　２ 孫　　③ 配偶者　　４ 直系尊属（父母・祖母） 被相続人の…… 　　　　　　　５ 兄弟姉妹　　６ おいめい　　７ その他（　　　　　　）			

法 定 代 理 人 等	※ 1 親権者 2 後見人 3	住　所	〒　　　－ 　　　　　　　　　　　　　　　　電話　　（　　　） 　　　　　　　　　　　　　　　　　　　（　　　　方）	
		フリガナ 氏　名		フリガナ 氏　名

被 相 続 人	本　籍 （国　籍）	都 道　申述人の本籍に同じ 府 県		
	最後の 住　所	申述人の本籍に同じ	死亡当時 の 職 業	会社員
	フリガナ 氏　名	ハナムラ ナツオ 花 村 夏 雄	平成 令和　××年××月××日死亡	

（注）太枠の中だけ記入してください。　※の部分は、当てはまる番号を○で囲み、被相続人との関係欄の７、法定代理人等欄の３を選んだ場合には、具体的に記載してください。

相続放棄（１／２）

申　　述　　の　　趣　　旨
相　続　の　放　棄　を　す　る　。

申　　述　　の　　理　　由

※
　　相続の開始を知った日・・・・令和××年××月××日

　　　①　被相続人死亡の当日　　　3　先順位者の相続放棄を知った日
　　　2　死亡の通知をうけた日　　　4　その他（　　　　　　　　　　）

放　棄　の　理　由	相　続　財　産　の　概　略		
※　1　被相続人から生前に贈与 　　　を受けている。 　2　生活が安定している。 　3　遺産が少ない。 　④　遺産を分散させたくない。 　5　債務超過のため。 　6　その他 　　〔　　　　　　　　　　〕	資 産	農　地……約＿＿＿＿＿平方メートル 山　林……約＿＿＿＿＿平方メートル 宅　地……約＿＿＿＿＿平方メートル 建　物……約＿＿＿＿＿平方メートル 現金・預貯金……約＿＿＿＿万円 有価証券……約＿＿＿＿万円	
	負	債………………　約＿＿＿＿＿＿万円	

（注）太枠の中だけ記入してください。　※の部分は，当てはまる番号を○で囲み，申述の理由欄の4，
　　　放棄の理由欄の6を選んだ場合には，（　　　）内に具体的に記入してください。

相続放棄（2／2）

第15章　事例と書式　195

【相続放棄事例３】自身と子の相続放棄を行う場合（申述人：親）

　犬山羊子は、犬山虎夫と犬山辰美（申述人）の未成年の子です。虎夫は、宵越しの金は持たぬ性格で、夜な夜な飲み歩いていましたが、長年の不摂生が祟り死亡しました。

　辰美が調査したところ、虎夫は消費者金融や親族から多額の借金を抱えていることが判明しました。そこで、辰美は、弁護士甲野一郎に対し、自身と羊子の相続放棄を依頼することとしました。

受付印	相 続 放 棄 申 述 書

（この欄に収入印紙８００円分を貼ってください。）

収入印紙	円
予納郵便切手	円

（貼った印紙に押印しないでください。）

準口頭		関連事件番号　平成・令和　　年（家　　）第　　　　　　　号

●　●　家庭裁判所 　　　　　　　　御中 令和　　年　　月　　日	申　述　人 未成年者などの場 合は法定代理人 の記名押印	申述人手続代理人 　　弁護士　甲野　一郎　印 （住所等は別紙手続代理人目録記載のとおり）

添付書類	（同じ書類は１通で足ります。審理のために必要な場合は、追加書類の提出をお願いすることがあります。） □戸籍（除籍・改製原戸籍）謄本（全部事項証明書）　合計　　通 □被相続人の住民票除票又は戸籍附票 □

申 述 人	本　籍 （国　籍）	●●　都道 　　　府県　●●市・・・			
	住　所	〒×××－×××× ●●県●●市・・・	電話　××（××××）×××× 　　　　　（　　　　方）		
	フリガナ 氏　名	イヌヤマ　タツミ 犬　山　辰　美	昭和 平成　××年××月××日生 令和　　（××歳）	職業	会社員
	被相続人と の関係	※　　　　　　　1　子　　2　孫　　③　配偶者　　4　直系尊属（父母・祖父母） 被相続人の…… 　　　　　　　5　兄弟姉妹　　6　おいめい　　7　その他（　　　　　　　）			

法 定 代 理 人 等	※ 1　親権者 2　後見人 3	住　所	〒　　－ 	電話　　（　　　　） 　　　（　　　　方）	
		フリガナ 氏　名		フリガナ 氏　名	

被 相 続 人	本　籍 （国　籍）	都道 府県　申述人の本籍に同じ		
	最後の 住　所	申述人の住所に同じ	死亡当時 の職業	会社員
	フリガナ 氏　名	イヌヤマ　トラオ 犬　山　虎　夫	平成 　　　　××年××月××日死亡 令和	

（注）太枠の中だけ記入してください。　※の部分は，当てはまる番号を○で囲み，被相続人との関係欄の７，法定
　　　代理人等欄の３を選んだ場合には，具体的に記載してください。
相続放棄（１／２）

申　述　の　趣　旨
相　続　の　放　棄　を　す　る　。

申　述　の　理　由

※

相続の開始を知った日・・・・令和××年××月××日

   ① 被相続人死亡の当日　　　3　先順位者の相続放棄を知った日

   2　死亡の通知をうけた日　　4　その他（　　　　　　　　　　）

放　棄　の　理　由	相　続　財　産　の　概　略	
※ 1　被相続人から生前に贈与を受けている。 2　生活が安定している。 3　遺産が少ない。 4　遺産を分散させたくない。 ⑤　債務超過のため。 6　その他 〔　　　　　　　　　〕	資	農　地……約＿＿＿＿平方メートル 山　林……約＿＿＿＿平方メートル 宅　地……約＿＿＿＿平方メートル 建　物……約＿＿＿＿平方メートル
	産	現金・預貯金……約＿＿＿＿万円 有価証券……約＿＿＿＿万円
	負　債………………　約＿＿＿＿＿＿万円	

（注）太枠の中だけ記入してください。　※の部分は，当てはまる番号を○で囲み，申述の理由欄の４，
　　放棄の理由欄の６を選んだ場合には、（　　　）内に具体的に記入してください。

相続放棄（2／2）

【相続放棄事例４】自身と子の相続放棄を行う場合（申述人：子）

事例３で、犬山羊子（申述人）のケース

受付印	相 続 放 棄 申 述 書
	（この欄に収入印紙８００円分を貼ってください。）

収 入 印 紙	円
予納郵便切手	円

（貼った印紙に押印しないでください。）

準口頭		関連事件番号　平成・令和　　　年（家　　）第　　　　　　　号

●　●　家庭裁判所 御中 令和　　年　　月　　日	申　述　人 未成年者などの場合は法定代理人の記名押印	申述人手続代理人 　弁護士　甲　野　一　郎　印 （住所等は別紙手続代理人目録記載のとおり）

添付書類	（同じ書類は１通で足ります。審理のために必要な場合は、追加書類の提出をお願いすることがあります。） □戸籍（除籍・改製原戸籍）謄本（全部事項証明書）　合計　　通 □被相続人の住民票除票又は戸籍附票 □

<table>
<tr><td rowspan="5">申

述

人</td><td colspan="2">本　籍
（国　籍）</td><td colspan="4">●●　都　道　●●市・・・
　　　　府　県</td></tr>
<tr><td colspan="2">住　所</td><td colspan="4">〒×××－××××　　　　　　　　　　　電話　××（××××）××××
●●県●●市・・・
　　　　　　　　　　　　　　　　　　　　　　　　（　　　　　方）</td></tr>
<tr><td colspan="2">フリガナ
氏　名</td><td colspan="2">イヌヤマ ヨウコ
犬　山　羊　子</td><td>昭和
平成　××年××月××日生
令和　　　　（××歳）</td><td>職業　小学生</td></tr>
<tr><td colspan="2">被相続人との関係</td><td colspan="4">※　　　　　①子　　２孫　　３配偶者　　４直系尊属（父母・祖父母）
被相続人の……
　　　　　　　　５兄弟姉妹　　６おいめい　　７その他（　　　　　）</td></tr>
</table>

法定代理人等	※ ①親権者 ２後見人 ３	住　所	〒×××－××××　　　　　　　　　　電話　××（××××）×××× 申述人の住所に同じ 　　　　　　　　　　　　　　　　　　　　　　　（　　　　　方）	
		フリガナ 氏　名	イヌヤマ タツミ 犬　山　辰　美	フリガナ 氏　名

<table>
<tr><td rowspan="3">被
相
続
人</td><td>本　籍
（国　籍）</td><td colspan="2">都　道　申述人の本籍に同じ
府　県</td></tr>
<tr><td>最後の
住　所</td><td>申述人の住所に同じ</td><td>死亡当時
の　職　業　会社員</td></tr>
<tr><td>フリガナ
氏　名</td><td>イヌヤマ トラオ
犬　山　虎　夫</td><td>平成
　　　　××年××月××日死亡
令和</td></tr>
</table>

（注）太枠の中だけ記入してください。　※の部分は、当てはまる番号を○で囲み、被相続人との関係欄の７，法定代理人等欄の３を選んだ場合には，具体的に記載してください。

相続放棄（１／２）

申　述　の　趣　旨
相　続　の　放　棄　を　す　る　。

申　述　の　理　由

※
相続の開始を知った日・・・・令和××年××月××日

   ① 被相続人死亡の当日　　　3　先順位者の相続放棄を知った日

   2　死亡の通知をうけた日　　4　その他（　　　　　　　　　）

放　棄　の　理　由	相　続　財　産　の　概　略		
※ 1　被相続人から生前に贈与を受けている。 2　生活が安定している。 3　遺産が少ない。 4　遺産を分散させたくない。 ⑤　債務超過のため。 6　その他 〔　　　　　　　　　〕	資 産	農　地……約＿＿＿＿平方メートル 山　林……約＿＿＿＿平方メートル 宅　地……約＿＿＿＿平方メートル 建　物……約＿＿＿＿平方メートル 現金・預貯金……約＿＿＿万円 有価証券……約＿＿＿万円	
	負　　債……………　約＿＿＿＿＿万円		

（注）太枠の中だけ記入してください。　※の部分は，当てはまる番号を○で囲み，申述の理由欄の4，
　　　放棄の理由欄の6を選んだ場合には，（　　　）内に具体的に記入してください。

相続放棄（2／2）

第15章　事例と書式　201

【相続放棄事例５】 他者の相続放棄によって相続人となった者が相続放棄をする場合

　　羽生歩は、令和５年９月２日に亡くなった中原金之助の妹です。

　　金之助は、女癖が悪く、亡くなったときにはたくさんの借金を抱えていたと聞いています。金之助には、妻である桂子と一人娘の香がいることを知っていますが、奔放な兄が多大な迷惑をかけていることを考えると、桂子らになんとなく負い目もあり、普段あまり交流することはありませんでした。金之助と自身の両親はかなり前に亡くなっており、金之助の親族と呼べるものは桂子と香の他は自分しかおらず、葬儀もひっそりとしたものでした。葬儀の際には、桂子らと世間話をすることもあったが、その後はやはり没交渉となりました。

　　そんな折、令和６年４月６日に突如として銀行から、金之助の借金に関する請求書が届きました。歩は、金之助の借金がなぜ、自分に届いたのか理由がわからず銀行に問い合わせたところ、銀行からは「金之助さんの借金については、先順位者が皆、相続放棄をしたので、あなたが相続人になっている。金之助さんの遺産を相続するつもりならば、借金についても払ってほしい。」と言われました。驚いた歩は、すぐさま弁護士甲野一郎に依頼し、自身も相続放棄をすることとしました。

受付印	相 続 放 棄 申 述 書
	（この欄に収入印紙８００円分を貼ってください。）

収入印紙	円
予納郵便切手	円

（貼った印紙に押印しないでください。）

準口頭		関連事件番号　平成・令和　　年（家　　）第　　　　　号

●　● 家庭裁判所 　　　　　　御中 令和　　年　　月　　日	申　述　人 （未成年者などの場合は法定代理人の記名押印）	申述人手続代理人 　　弁護士 甲 野 一 郎 印 （住所等は別紙手続代理人目録記載のとおり）

添付書類	（同じ書類は1通で足ります。審理のために必要な場合は、追加書類の提出をお願いすることがあります。） □戸籍（除籍・改製原戸籍）謄本（全部事項証明書）　合計　　通 □被相続人の住民票除票又は戸籍附票 □

申述人	本　籍 （国　籍）	●●　都道府県　●●市・・・				
	住　所	〒×××－×××× ●●県●●市・・・		電話　××（××××）×××× （　　　　方）		
	フリガナ 氏　名	ハブ　　アユミ 羽生　　歩	昭和 平成　××年××月××日生 令和　　（××歳）		職業	無職
	被相続人 との関係	※　　　　　　1 子　　2 孫　　3 配偶者　　4 直系尊属（父母・祖父母） 被相続人の……　5 兄弟姉妹　6 おいめい　7 その他（　　　　　）				

法定代理人等	※ 1 親権者 2 後見人 3	住　所	〒　　－ 	電話　（　　　） （　　　　方）
		フリガナ 氏　名		フリガナ 氏　名

被相続人	本　籍 （国　籍）	●●　都道府県　●●市・・・		
	最後の 住　所	●●県●●市・・・	死亡当時 の職業	会社員
	フリガナ 氏　名	ナカハラ　　キンノスケ 中原　　金之助	平成 令和　　××年××月××日死亡	

（注）太枠の中だけ記入してください。　※の部分は，当てはまる番号を○で囲み，被相続人との関係欄の7，法定
　　代理人等欄の3を選んだ場合には，具体的に記載してください。

相続放棄（1／2）

申　述　の　趣　旨
相　続　の　放　棄　を　す　る　。

申　述　の　理　由

※
相続の開始を知った日・・・・令和6年4月6日

1　被相続人死亡の当日	③　先順位者の相続放棄を知った日
2　死亡の通知をうけた日	4　その他（　　　　　　　　　）

放　棄　の　理　由	相　続　財　産　の　概　略	
※ 1　被相続人から生前に贈与を受けている。 2　生活が安定している。 3　遺産が少ない。 4　遺産を分散させたくない。 ⑤　債務超過のため。 6　その他 〔　　　　　　　　　　　〕	資	農　地……約＿＿＿＿平方メートル 山　林……約＿＿＿＿平方メートル 宅　地……約＿＿＿＿平方メートル 建　物……約＿＿＿＿平方メートル
	産	現金・預貯金……約＿＿＿＿万円 有価証券……約＿＿＿＿万円
	負　　債…………………　約＿＿＿＿＿＿＿万円	

（注）太枠の中だけ記入してください。　※の部分は，当てはまる番号を○で囲み，申述の理由欄の4，
　　　放棄の理由欄の6を選んだ場合には、（　　　）内に具体的に記入してください。

相続放棄（2／2）

【相続放棄事例６】特別な事情がある場合の熟慮期間の始期

　多額の負債を抱えていた会社の代表取締役である甲山一郎は、令和元年12月31日、経営難から自殺しました。亡甲山一郎は、Ａ銀行からの借入金を連帯保証していたため、第１順位の相続人である妻子は、令和２年２月１日に相続放棄手続を行いました。

　亡甲山一郎の弟である甲山二郎は、Ａ銀行から会社の任意整理手続を行うために協力してほしいと言われ、代表取締役に就任し、任意整理手続を始めました。ところが、甲山二郎は令和３年３月頃に、亡甲山一郎の先順位の相続人全員が相続放棄手続を行っていたことを知りました。そこで、甲山二郎は、これまでＡ銀行から連帯保証債務の履行を請求されたことはなく、会社の負債は把握していたが亡甲山一郎の遺産及び債務は知らなかったとして、弁護士甲野一郎に相続放棄手続を依頼することにしました。

受付印	相 続 放 棄 申 述 書
	（この欄に収入印紙８００円分を貼ってください。）

収 入 印 紙	円
予約郵便切手	円

（貼った印紙に押印しないでください。）

準口頭		関連事件番号　平成・令和　　　年（家　　）第　　　　　号

横浜家庭裁判所　御中 令和 ３ 年 ４ 月 １ 日	申　述　人 未成年者などの場 合は法定代理人 の 記 名 押 印	申述人手続代理人 弁護士 甲 野 一 郎　　　　㊞ （住所等は別紙手続代理人目録記載のとおり）

添付書類	（同じ書類は１通で足ります。審理のために必要な場合は、追加書類の提出をお願いすることがあります。） ■ 戸籍（除籍・改製原戸籍）謄本（全部事項証明書）　合計３通 ■ 被相続人の住民票除票又は戸籍附票 □

	本　籍 （国籍）	東京 ㊞道　中野区中野○丁目○番○号 　　　　　　　府　県			
申 述 人	住　所	〒１６４－○○○○　　　　　　　　　　電話　０９０（○○○○）○○○○ 東京都中野区○○丁目○番○号 （　　　　　　方）			
	フリガナ 氏　名	コウヤマ ジロウ 甲 山 二 郎	㊞昭和 平成 ４０年 ５月 ３日生 令和　　（　　歳）	職業	会社役員
	被相続人 との関係	※　　　　　　１ 子　　２ 孫　　３ 配偶者　　４ 直系尊属（父母・祖父母） 被相続人の…… 　　　⑤ 兄弟姉妹　　６ おいめい　　７ その他（　　　　　　）			

	※ １ 親権者 ２ 後見人 ３	住　所	〒　　－ 　　　　　　　　　　　　　　　電話　　（　　　） （　　　　　　方）		
法定代理人等		フリガナ 氏　名		フリガナ 氏　名	

	本　籍 （国籍）	神奈川　都 道　横浜市○○丁目○番○号 　　　　　　府 ㊞		
被 相 続 人	最後の 住　所	神奈川県横浜市○○丁目○番地○号	死亡当時 の 職 業	会社役員
	フリガナ 氏　名	コウヤマ イチロウ 甲 山 一 郎	平成 ㊞令和　元 年１２月３１日死	

（注）太枠の中だけ記入してください。　※の部分は、当てはまる番号を○で囲み、被相続人との関係欄の７、法定
代理人等欄の３を選んだ場合には、具体的に記載してください。

相続放棄（１／２）

申　述　の　趣　旨
相　続　の　放　棄　を　す　る　。

申　述　の　理　由		
※ 　相続の開始を知った日・・・・令和３年３月１日		
１　被相続人死亡の当日　　③　先順位者の相続放棄を知った日 　　　２　死亡の通知をうけた日　　４　その他（　　　　　　　　　）		
放　棄　の　理　由	相　続　財　産　の　概　略	
※ 　１　被相続人から生前に贈与 　　を受けている。 　２　生活が安定している。 　３　遺産が少ない。 　４　遺産を分散させたくない。 　⑤　債務超過のため。 　⑥　その他 　　〔別紙の通り〕	資	農　地……約＿＿＿＿＿平方メートル 山　林……約＿＿＿＿＿平方メートル 宅　地……約＿＿＿＿＿平方メートル 建　物……約＿＿＿＿＿平方メートル
		現金・預貯金……約＿＿＿＿＿万円
	産	有価証券……約＿＿＿＿＿万円
	負　　債………………………　約＿＿＿＿＿○千＿＿万円	

（注）太枠の中だけ記入してください。　※の部分は，当てはまる番号を○で囲み，申述の理由欄の４,
　　　放棄の理由欄の６を選んだ場合には，（　　　）内に具体的に記入してください。

相続放棄（2／2）

（申述書別紙）

　被相続人は、会社の代表取締役であり、経営難から令和元年12月31日に自殺しました。被相続人の弟である申述人は、会社債権者であるＡ銀行の求めに応じて、令和２年１月10日に後任の代表取締役に就任し、会社資産の売却、分割払いの交渉など任意整理手続を弁護士に依頼しました。

　申述人は、これまで会社経営に一切関与したことはなく、代表取締役就任後に会社の負債や被相続人がＡ銀行からの借入金の連帯保証人であったことを知りましたが、被相続人個人の資産や負債総額を知らず、同人の妻子が令和２年２月１日に相続放棄手続を行ったことも知りませんでした。

　ところが、令和３年３月１日、親族で集まった際、被相続人の妻子から初めて被相続人に多額の負債があり相続放棄を行ったことを聞きました。被相続人の両親はすでに他界しており、申述人が先順位の相続放棄手続を行ったのを知ったのは、令和３年３月１日です。

　先順位の相続放棄により自ら多額の負債を相続していることを認識しながら、敢えて相続放棄を行わないなどということは、通常では考えられず、今般、申述人が相続放棄を行ったのは、先順位の相続放棄により自らが相続人であることを認識したからにほかなりません。

　会社の債務は、弁護士により任意整理手続中で、いまだＡ銀行の連帯保証債務の金額は確定しておらず、申述人は、これまで同行から被相続人の連帯保証人として請求を受けたこともありません。このような状況で申述人が被相続人の相続人であることを認識することは困難です。

　以上のとおり、申述人が先順位の相続放棄を知ったのは、令和３年３月１日です。

以上

【限定承認事例1】相続人が一人のみの場合の限定承認

　米田英郎は、長らく貿易事業を営んでいた。妻である米田蘭子は既に死亡しており、子は米田逸子のみです。

　今般、英郎が死亡し、逸子が資産を調べたところ、外貨や海外市場へ投資した金融資産等を有する一方で、事業の負債もあることが判明しました。海外市場に関する資産の換価については時期を見る必要などもあるため、逸子は弁護士乙田一花に限定承認の申述をするよう依頼しました。

受付印		家 事 審 判 申 立 書　事件名（ 相続の限定承認 ）
		（この欄に申立手数料として1件について８００円分の収入印紙を貼ってください。）

収入印紙	円	（貼った印紙に押印しないでください。）
予納郵便切手	円	（注意）登記手数料としての収入印紙を納付する場合は，登記手数料として
予納収入印紙	円	の収入印紙は貼らずにそのまま提出してください。

準口頭		関連事件番号　平成・令和　　　年（家　　　）第　　　　　　　　　　　　　号

● ● 家 庭 裁 判 所 　　　　　　　御 中 令和××年××月××日	申　立　人 （又は法定代理人など） の 記 名 押 印	申述人代理人 弁護士 乙 田 一 花 印 （住所等は別紙手続代理人目録記載のとおり）

添付書類	（審理のために必要な場合は，追加書類の提出をお願いすることがあります。）

	本　籍 （国　籍）	（戸籍の添付が必要とされていない申立ての場合は，記入する必要はありません。） ●●　　　都　道　●●市・・・ 　　　　　府　県
申	住　所	〒×××－××××　　　　　　　　　　　電話　××（××××）×××× ●●県●●市・・・ （　　　　　　方）
述	連絡先	〒　　　－　　　　　　　　　　　　　　　電話　　（　　　　） （注：住所で確実に連絡ができるときは記入しないでください。） （　　　　　　方）
人	フリガナ 氏　名	ヨネダ　イツコ 米 田 逸 子	昭和 平成　　××年××月××日 生 令和　　　　（××歳）
	職　業	会社員
※	本　籍 （国　籍）	（戸籍の添付が必要とされていない申立ての場合は，記入する必要はありません。） ●●　　　都　道　●●市・・・ 　　　　　府　県
被	最後の 住　所	〒×××－××××　　　　　　　　　　　電話　　（　　　　） （　　　　　　方）
相	連絡先	〒　　　－　　　　　　　　　　　　　　　電話　　（　　　　） （　　　　　　方）
続	フリガナ 氏　名	ヨネダ　ヒデオ 米 田 英 郎	大正 昭和　　××年××月××日 生 平成 令和　　　　（　　歳）
人	職　業	無職

（注）　太枠の中だけ記入してください。
※の部分は，申立人，法定代理人，成年被後見人となるべき者，不在者，共同相続人，被相続人等の区別を記入してください。
　　　　　　　　　　　　別表第一（1/2）

申　立　て　の　趣　旨

被相続人の相続につき、限定承認します。

申　立　て　の　理　由

1　申述人は、被相続人の子であり、相続人は申述人だけです。

2　被相続人は令和○○年○○月○○日死亡し、同日、申述人は、相続が開始したことを知り
ました。

3　被相続人には添付別紙記載の遺産がありますが、相当の負債もありますので、申述人は、
相続によって得た財産の限度で債務を弁済したいと考えます。

4　そこで、申述人は申立の趣旨記載の通り、限定承認をすることを申述します。

別表第一（2/2）

【限定承認事例2】相続人が複数の場合の限定承認

　　国田華は、中国地方に複数の土地を持つ資産家でしたが、夫である国田清を早くに亡くし、親族は、長男国田周、二男国田晋、三男国田元です。

　　この度、華が死亡し、3人の子が華の資産を調べたところ、予想どおりに華は不動産を中心とした資産を複数有していましたが、他方で、リゾート事業の失敗等による負債も抱えていることが判明しました。そこで、3人の子は、弁護士乙田一花に依頼し、華の遺産について限定承認することとしました。

	受付印		**家 事 審 判 申 立 書　事件名（** 相続の限定承認 **）**

	（この欄に申立手数料として1件について８００円分の収入印紙を貼ってください。）

収入印紙	円
予納郵便切手	円
予納収入印紙	円

（貼った印紙に押印しないでください。）

（注意）登記手数料としての収入印紙を納付する場合は，登記手数料としての収入印紙は貼らずにそのまま提出してください。

準口頭		関連事件番号　平成・令和　　　年（家　　　）第　　　　　　　　　　号

● ● 家 庭 裁 判 所 　　　　　　　　　御中 令和××年××月××日	申　立　人 （又は法定代理人など） の 記 名 押 印	申述人ら代理人 　弁護士 乙 田 一 花 ㊞ （住所等は別紙手続代理人目録記載のとおり）

添付書類	（審理のために必要な場合は，追加書類の提出をお願いすることがあります。）

申 述 人	本　籍 （国　籍）	（戸籍の添付が必要とされていない申立ての場合は，記入する必要はありません。） ●●　　　　都 道　　●●市・・・ 　　　　　　府 ⦿県
	住　　所	〒×××－×××× ●●県●●市・・・　　　　　　　　　電話　××（××××）×××× 　　　　　　　　　　　　　　　　　　　　　　　　（　　　　　　　方）
	連 絡 先	〒　　　－ （注：住所で確実に連絡ができるときは記入しないでください。）　電話　（　　　） 　　　　　　　　　　　　　　　　　　　　　　　　（　　　　　　　方）
	フリガナ 氏　　名	クニタ　　　アマネ 国 田　　周	⦿昭和 平成　　××年××月××日 生 令和　　　　（××歳）
	職　　業	会社員

申 述 人	本　籍 （国　籍）	（戸籍の添付が必要とされていない申立ての場合は，記入する必要はありません。） ●●　　　　都 道　　●●市・・・ 　　　　　　府 ⦿県
	住　　所	〒×××－×××× ●●県●●市・・・　　　　　　　　　電話　××（××××）×××× 　　　　　　　　　　　　　　　　　　　　　　　　（　　　　　　　方）
	連 絡 先	〒　　　－ （注：住所で確実に連絡ができるときは記入しないでください。）　電話　（　　　） 　　　　　　　　　　　　　　　　　　　　　　　　（　　　　　　　方）
	フリガナ 氏　　名	クニタ　　　ススム 国 田　　晋	⦿昭和 平成　　××年××月××日 生 令和　　　　（××歳）
	職　　業	自営業

（注）　太枠の中だけ記入してください。

※の部分は，申立人，法定代理人，成年被後見人となるべき者，不在者，共同相続人，被相続人等の区別を記入してください。

別表第一　（ 1/2 ）

申述人	本　籍 （国　籍）	（戸籍の添付が必要とされていない申立ての場合は，記入する必要はありません。） ●●　　都　道 　　　　府　県　●●市・・・		
	住　所	〒×××－×××× ●●県●●市・・・	電話　××（××××）×××× （　　　　　　方）	
	連絡先	〒　　　－ （注：住所で確実に連絡ができるときは記入しないでください。）	電話　　（　　　　） （　　　　　　方）	
	フリガナ 氏　名	クニタ　　　　ハジメ 国　田　　　元	昭和 平成　　××年××月××日　生 令和　　　　　（××歳）	
	職　業	教員		
※ 被相続人	本　籍 （国　籍）	（戸籍の添付が必要とされていない申立ての場合は，記入する必要はありません。） 　　　　都　道　申述人国田周の本籍と同じ 　　　　府　県		
	最後の 住　所	〒×××－×××× 申述人国田元と同じ	電話　　（　　　　） （　　　　　　方）	
	連絡先	〒　　　－	電話　　（　　　　） （　　　　　　方）	
	フリガナ 氏　名	クニタ　　　　ハナ 国　田　　　華	大正 昭和　　××年××月××日　生 平成 令和　　　　（　　歳）	
	職　業	個人事業主		

申　立　て　の　趣　旨

被相続人の相続につき、限定承認します。

申　立　て　の　理　由

1　申述人らは、被相続人の子であり、相続人は申述人らだけです。

2　被相続人は令和〇〇年〇〇月〇〇日死亡し、同日、申述人らは、相続が開始したことを知り

ました。

3　被相続人には添付別紙記載の遺産がありますが、相当の負債もありますので、申述人らは、

相続によって得た財産の限度で債務を弁済したいと考えます。

4　そこで、申述人らは申立の趣旨記載の通り、限定承認をすることを申述します。

5　なお、相続財産管理人には、申述人の国田○○を選任していただくよう希望します。

別表第一（2/2）

【限定承認事例３】 相続人が先買権を行使して遺産を取得したい場合

　桐生道風は、京都に代々続く反物屋「雨四光堂」を経営する４代目主人でした。反物屋「雨四光堂」は自宅の土地建物で経営されており、風情ある古い町並みに溶け込んだ店舗建物は、近隣住民からも愛されていました。

　道風は、妻である桐生美鶴江に先立たれており、その他の親族も既に没しているところ、既に梅本家に嫁いだ一人娘の桜子を溺愛していました。

　この度、道風が亡くなり、梅本桜子が道風の遺産を承継することになりました。道風は、生前、仕事のことをあまり桜子に話さなかったこともあり、桜子は「雨四光堂」以外の道風の資産や負債について詳細を把握していませんでした。しかしながら、事業は成功していると聞いていたし、何より「雨四光堂」を守りたいという気持ちが強かったことから、弁護士乙田一花に依頼し「雨四光堂」の土地建物を先買権で買い取ることを前提に限定承認をしたいと考えました。

受付印	家事審判申立書　事件名（ 相続の限定承認 ）

（この欄に申立手数料として1件について800円分の収入印紙を貼ってください。）

（貼った印紙に押印しないでください。）

（注意）登記手数料としての収入印紙を納付する場合は，登記手数料として
の収入印紙は貼らずにそのまま提出してください。

収入印紙	円
予納郵便切手	円
予納収入印紙	円

準口頭		関連事件番号　平成・令和　　年（家　　　）第　　　　　　　　　号

● ● 家 庭 裁 判 所 　　　　　　　　御中 令和××年××月××日	申　立　人 （又は法定代理人など） の　記名押印	申述人代理人 　弁 護 士 乙 田 一 花 印 （住所等は別紙手続代理人目録記載のとおり）

添付書類	（審理のために必要な場合は，追加書類の提出をお願いすることがあります。）

申 述 人	本　籍 （国　籍）	（戸籍の添付が必要とされていない申立ての場合は，記入する必要はありません。） ●●　　　都 道　●●市・・・ 　　　　　府 県
	住　所	〒×××－××××　　　　　　　　　電話　××（××××）×××× ●●県●●市・・・ （　　　　　　方）
	連絡先	〒　　　－　　　　　　　　　　　　　電話　（　　　） （注：住所で確実に連絡ができるときは記入しないでください。） （　　　　　　方）
	フリガナ 氏　名	ウメモト　　サクラコ 梅 本　　桜 子	昭和 平成　　××年××月××日 生 令和　　　　　（ ○○歳）
	職　業	会社員

※ 被 相 続 人	本　籍 （国　籍）	（戸籍の添付が必要とされていない申立ての場合は，記入する必要はありません。） ●●　　　都 道　●●市・・・ 　　　　　府 県
	最 後 の 住　　所	〒×××－××××　　　　　　　　　電話　（　　　） （　　　　　　方）
	連絡先	〒　　　－　　　　　　　　　　　　　電話　（　　　） （　　　　　　方）
	フリガナ 氏　名	キリュウ　　ミチカゼ 桐 生　　道 風	大正 昭和　　××年××月××日 生 平成 令和　　　　　（　　歳）
	職　業	自営業

（注）　太枠の中だけ記入してください。
※の部分は，申立人，法定代理人，成年被後見人となるべき者，不在者，共同相続人，被相続人等の区別を記入してください。

別表第一（1/2）

申　立　て　の　趣　旨
被相続人の相続につき、限定承認します。

申　立　て　の　理　由
1　申述人は、被相続人の子であり、相続人は申述人だけです。
2　被相続人は令和○○年○○月○○日死亡し、同日、申述人は、相続が開始したことを知りました。
3　被相続人には添付別紙記載の遺産がありますが、相当の負債もありますので、申述人は、相続によって得た財産の限度で債務を弁済したいと考えます。なお、添付別紙物件目録1（※）記載の土地及び同2（※）記載の建物は先祖代々の土地建物であり、被相続人が生前に行っていた事業の店舗所在地でもありますので、申述人は先買権により引き継ぐことを希望しております。先買権については、おって鑑定人選任の申立を行う予定です。
4　以上の次第ですので、申述人は申立の趣旨記載の通り限定承認をすることを申述します。
（※目録は省略）

○事例３で、鑑定人選任の審判申立書

受付印	**家 事 審 判 申 立 書　事件名（ 鑑定人選任 ）**
	（この欄に申立手数料として１件について８００円分の収入印紙を貼ってください。）

収入印紙　　　　　円	（貼った印紙に押印しないでください。）
予納郵便切手　　　円	（注意）登記手数料としての収入印紙を納付する場合は，登記手数料として
予納収入印紙　　　円	の収入印紙は貼らずにそのまま提出してください。

準口頭		関連事件番号　平成・令和　　年（家　　）第　　　　　　　　　　号

● ● 家 庭 裁 判 所 　　　　　　　御 中 令和××年××月××日	申　立　人 （又は法定代理人など） の 記 名 押 印	申立人代理人 弁護士 乙 田 一 花 印 （住所等は別紙手続代理人目録記載のとおり）

添付書類	（審理のために必要な場合は，追加書類の提出をお願いすることがあります。）

申 立 人	本　籍 （国　籍）	（戸籍の添付が必要とされていない申立ての場合は，記入する必要はありません。） ●●　　　都 道 　　　　　府 県　●●市・・・	
	住　所	〒×××－××××　　　　　　　　　　電話　××（××××）×××× ●●県●●市・・・ （　　　　　　　　方）	
	連絡先	〒　　　－　　　　　　　　　　　　　　電話　（　　　　） （注：住所で確実に連絡ができるときは記入しないでください。） （　　　　　　　　方）	
	フリガナ 氏　名	ウメモト　サクラコ 梅 本　桜 子	昭和 平成　××年××月××日 生 令和　　　（××歳）
	職　業	会社員	

※ 被 相 続 人	本　籍 （国　籍）	（戸籍の添付が必要とされていない申立ての場合は，記入する必要はありません。） ●●　　　都 道 　　　　　府 県　●●市・・・	
	最 後 の 住　　所	〒×××　×××××　　　　　　　　　電話　（　　　　） （　　　　　　　　方）	
	連絡先	〒　　　－　　　　　　　　　　　　　　電話　（　　　　） （　　　　　　　　方）	
	フリガナ 氏　名	キリュウ　ミチカゼ 桐 生　道 風	大正 昭和　××年××月××日 生 平成 令和　　　（　　歳）
	職　業	自営業	

（注）　太枠の中だけ記入してください。
※の部分は，申立人，法定代理人，成年被後見人となるべき者，不在者，共同相続人，被相続人等の区別を記入してください。

別表第一（1/2）

第15章　事例と書式　219

申　立　て　の　趣　旨
別紙財産目録記載の相続財産の価格を評価する鑑定人選任の審判を求める。

申　立　て　の　理　由
1　申立人は、被相続人の子であり、相続人は申立人だけです。
2　被相続人は令和〇〇年〇〇月〇〇日死亡し、申立人は令和〇〇年〇〇月〇〇日に、被相続人の遺産を限定承認する旨の申述を行いました（貴庁令和〇年（家）　　号）。
3　被相続人の相続財産のうち、別紙物件目録（※）記載の土地建物は、先祖代々のものであり、被相続人が生前に事業を行っていた場所でもあるので、申立人は、先買権により引き継ぐことを希望しております。
4　以上の次第ですので、先買権行使のため、申立の趣旨記載の通り、鑑定人の選任を申立てます。
5　なお、鑑定人候補者として、不動産鑑定士である〇〇〇〇氏（住所：〇〇県〇〇市〇〇町〇番〇号／職業：不動産鑑定士／電話番号　000-0000-0000）を希望します。
（※目録は省略）

別表第一（2/2）

【限定承認事例４】相続人が先買権を行使して取得した遺産と行使しなかった遺産

滝沢仁は、東京都江東区の深川で長年にわたり動物病院である「八徳動物病院」を経営していた獣医師です。仁は職人肌で仕事一筋の人生ではありましたが、バブル期に友人から勧められ南房総市に土地を購入していました。ただ、あまり不動産に詳しくなくそれほど興味もなかったため、購入した土地は特段利用されることもなくそのままになっていました。

今般、仁が死亡しましたが、妻である礼子は数年前に死別しており、相続人は一人息子の滝沢義智しかいませんでした。義智は、自らも獣医師として八徳動物病院で働いていたことから、弁護士乙田一花に依頼し、八徳動物病院の土地建物を残してもらうために限定承認の申述をしていました。義智は、「八徳動物病院」の土地建物については先買権の行使によって承継しましたが、上記南房総市の土地については承継を希望しなかったため、換価のために不動産競売を申し立てることとしました。

不動産競売申立書

令和　　年　　月　　日

○○地方裁判所　御中

申立人代理人弁護士　乙　田　　一　　花

当　事　者　別紙当事者目録(※)記載の通り

目的不動産　別紙物件目録(※)記載の通り

（※目録は省略）

　申立人は、被相続人滝沢仁（最後の住所　東京都江東区○○○○○○）について限定承認申述をした者であるが、民法第932条に基づく相続財産換価のため、被相続人の相続財産である別紙物件目録記載の土地について、競売を求める。

添　付　書　類　（略）

【書式１】家事審判申立書（失踪宣告）…解説は13ページ

受付印	**家 事 審 判 申 立 書** 事件名（ 失 踪 宣 告 ）
	（この欄に申立手数料として１件について８００円分の収入印紙を貼ってください。）

収入印紙 円	（貼った印紙に押印しないでください。）
予納郵便切手 円	（注意）登記手数料としての収入印紙を納付する場合は，登記手数料として
予納収入印紙 円	の収入印紙は貼らずにそのまま提出してください。

準口頭		関連事件番号 平成・令和 年（家 ）第 号

家 庭 裁 判 所 御中 令和 年 月 日	申 立 人 （又は法定代理人など） の 記 名 押 印	印 （住所等は別紙手続代理人目録記載のとおり）

添付書類	（審理のために必要な場合は，追加書類の提出をお願いすることがあります。）

申 立 人	本　籍 （国　籍）	（戸籍の添付が必要とされていない申立ての場合は，記入する必要はありません。） 都　道 府　県	
	住　　所	〒 － 電話 （ ） （ 方）	
	連　絡　先	〒 － 電話 （ ） （注：住所で確実に連絡ができるときは記入しないでください。） （ 方）	
	フリガナ 氏　　名		昭和 平成 年 月 日生 令和 （ 歳）
	職　　業		
※ 不 在 者	本　籍 （国　籍）	（戸籍の添付が必要とされていない申立ての場合は，記入する必要はありません。） 都　道 府　県	
	最後の 住　所	〒 － 電話 （ ） （ 方）	
	連　絡　先	〒 － 電話 （ ） （ 方）	
	フリガナ 氏　　名		大正 昭和 平成 年 月 日生 令和 （ 歳）
	職　　業		

（注）　太枠の中だけ記入してください。
※の部分は，申立人，法定代理人，成年被後見人となるべき者，不在者，共同相続人，被相続人等の区別を記入してください。

別表第一 （ 1/ ）

第15章　事例と書式　223

申 立 て の 趣 旨
不在者に対し、失踪宣告をするとの審判を求めます。

申 立 て の 理 由
1　申立人は、不在者の○○です。
2　不在者は、令和　　年　月　日朝に平常通り出勤したまま、帰宅しませんでした。
申立人は、警察に捜索願を出すと共に、親戚、知人、友人に照会をして不在者の
行方を捜していましたが、現在でも所在は判明していません。
3　不在者の行方不明から8年以上が経過しており、その生死は不明です。また、不在者が
申立人の下に帰来する見込みもありません。
かかる次第なので、申立の趣旨記載の通りの審判を求めます。

別表第一（　/　）

【書式２】家事審判申立書(不在者財産管理人選任)…解説は48ページ

受付印	**家 事 審 判 申 立 書 事件名(不在者財産管理人選任)**
	(この欄に申立手数料として１件について８００円分の収入印紙を貼ってください。)

収入印紙　　　　　円	(貼った印紙に押印しないでください。)
予納郵便切手　　　円	(注意)登記手数料としての収入印紙を納付する場合は，登記手数料として
予納収入印紙　　　円	の収入印紙は貼らずにそのまま提出してください。

準口頭		関連事件番号　平成・令和　　　年(家　　　)第　　　　　　　　　　号

家 庭 裁 判 所 　　　　　　　　　御 中 令和　　年　　月　　日	申　立　人 (又は法定代理人など) の 記 名 押 印	印 (住所等は別紙手続代理人目録記載のとおり)

添付書類	(審理のために必要な場合は，追加書類の提出をお願いすることがあります。)

申 立 人	本　　籍 (国　籍)	(戸籍の添付が必要とされていない申立ての場合は，記入する必要はありません。) 　　　　　都 道 　　　　　府 県	
	住　　所	〒　　　－　　　　　　　　　　　　　　　電話　　(　　　) 　　　　　　　　　　　　　　　　　　　　　　　　　(　　　　　　方)	
	連 絡 先	〒　　　－　　　　　　　　　　　　　　　電話　　(　　　) (注：住所で確実に連絡ができるときは記入しないでください。) 　　　　　　　　　　　　　　　　　　　　　　　　　(　　　　　　方)	
	フリガナ 氏　　名		昭和 平成　　年　月　日生 令和　　(　　　　歳)
	職　　業		

※ 不 在 者	本　　籍 (国　籍)	(戸籍の添付が必要とされていない申立ての場合は，記入する必要はありません。) 　　　　　都 道 　　　　　府 県	
	最 後 の 住　　所	〒　　　－　　　　　　　　　　　　　　　電話　　(　　　) 　　　　　　　　　　　　　　　　　　　　　　　　　(　　　　　　方)	
	連 絡 先	〒　　　－　　　　　　　　　　　　　　　電話　　(　　　) 　　　　　　　　　　　　　　　　　　　　　　　　　(　　　　　　方)	
	フリガナ 氏　　名		大正 昭和 平成　　年　月　日生 令和　　(　　　　歳)
	職　　業		

(注)　太枠の中だけ記入してください。
※の部分は，申立人，法定代理人，成年被後見人となるべき者，不在者，共同相続人，被相続人等の区別を記入してください。

別表第一　(1/)

第15章　事例と書式　225

申　立　て　の　趣　旨

不在者の財産管理人を選任するとの審判を求めます。

申　立　て　の　理　由

1　申立人は、申立人の〇〇に当たるものです。

2　不在者は、令和〇〇年頃に、〇〇方面に出かけて以来、音信が途絶えたため、

　親戚、友人等に照会をしてその行方を探しましたが、その所在は判明しません。

3　令和　年　月　日に不在者の父〇〇が死亡し、別紙目録記載の資産につき不在者が、

　その共有持分（　分の　）を取得しました。また、不在者に負債はありません。

　その他の財産は別紙目録記載の通りです。

4　この度、亡〇〇の共同相続人間で遺産分割協議をすることとなりましたが、不在者は

　財産管理人を置いておらず、分割協議ができないので、申立の趣旨記載の審判を求めます。

　なお、財産管理人として、不在者の〇〇である次の者の選任を希望します。

　　　住　所

　　　（電話番号：　　　　　　　　　）

　　　氏　名　　　　　　（昭和　年 月　日生／職業　　　　）

別表第一（　/　）

【書式３】特別代理人選任申立書…解説は52ページ

<table>
<tr><td colspan="2">受付印</td><td colspan="2" rowspan="2">**特 別 代 理 人 選 任 申 立 書**</td></tr>
<tr><td colspan="2"></td></tr>
<tr><td colspan="2"></td><td colspan="2">（この欄に収入印紙８００円を貼ってください。）</td></tr>
<tr><td>収 入 印 紙</td><td>円</td><td colspan="2" rowspan="2">（貼った印紙に押印しないでください。）</td></tr>
<tr><td>予納郵便切手</td><td>円</td></tr>
</table>

準口頭		関連事件番号　平成・令和　　年（家　）第　　　　　号

家 庭 裁 判 所 御 中 令和　　年　　月　　日	申立人の 記名押印	印 （住所等は別紙手続代理人目録記載のとおり）

添付書類	（同じ書類は１通で足ります。審理のために必要な書類は，追加書類の提出をお願いすることがあります。） □未成年者の戸籍謄本（全部事項証明書）　　　□親権者又は未成年後見人の戸籍謄本（全部事項証明書） □特別代理人候補者の住民票又は戸籍附票　　□利益相反に関する資料（遺産分割協議書案，契約書案等） □（利害関係人からの申立ての場合）利害関係を証する資料 □

<table>
<tr><td rowspan="4">申

立

人</td><td>住 所</td><td colspan="4">〒　　－　　　　　　　　　　電話　　　（　　　）
（　　　　　　　　方）</td></tr>
<tr><td>フリガナ
氏 名</td><td colspan="2"></td><td>昭和
平成　　年　月　日生
令和　　（　　　歳）</td><td>職業</td></tr>
<tr><td>フリガナ
氏 名</td><td colspan="2"></td><td>昭和
平成　　年　月　日生
令和　　（　　　歳）</td><td>職業</td></tr>
<tr><td>未成年者
との関係</td><td colspan="4">※
1　父　母　　2　父　　3　母　　4　後見人　　5　利害関係人</td></tr>
<tr><td rowspan="4">未

成

年

者</td><td>本 籍
（国籍）</td><td colspan="4">都　道
府　県</td></tr>
<tr><td>住 所</td><td colspan="4">〒　　－　　　　　　　　　　電話　　　（　　　）
（　　　　　　　　方）</td></tr>
<tr><td>フリガナ
氏 名</td><td colspan="2"></td><td colspan="2">平成　　年　　月　　日生
令和　　（　　　歳）</td></tr>
<tr><td>職 業
又 は
在校名</td><td colspan="4"></td></tr>
</table>

（注）　太枠の中だけ記入してください。　※の部分は，当てはまる番号を○で囲んでください

特代　（1/2）

申　　立　　て　　の　　趣　　旨
特別代理人の選任を求める。

申　　立　　て　　の　　理　　由	
利 益 相 反 す る 者	利 益 相 反 行 為 の 内 容
※ 1　親権者と未成年者との間で利益相反する。 2　同一親権に服する他の子と未成年者との間で利益が相反する。 3　後見人と未成年者との間で利益が相反する。 4　その他 （ 　　　　　　　　　　　　　　）	※ 1　被相続人亡＿＿＿＿＿＿＿＿＿＿＿の遺産を分割するため 2　被相続人亡＿＿＿＿＿＿＿＿＿＿の相続を放棄するため 3　身分関係存否確定の調停・訴訟の申立てをするため 4　未成年者の所有する物件に　　1　抵当権　を設定するため 　　　　　　　　　　　　　　　2　根抵当権 5　その他（　　　　　　　　　　　　　　　　）
	（その詳細）

特別代理人候補者	住　所	〒　　－　　　　　　　　　　電話　　（　　　） 　　　　　　　　　　　　　　　　　（　　　　方）				
	フリガナ 氏　名		昭和 平成　　年　　月　　日生 　　　　（　　　歳）		職業	
	未成年者 との関係					

（注）　太枠の中だけ記入してください。　※の部分については、当てはまる番号を○で囲み、利益相反する者欄の４及び利益相反行為の内容欄の５を選んだ場合には、（　　　）内に具体的に記入してください。

特代　（2/2）

【書式４】家事審判申立書（期間の伸長）…解説は67ページ

受付印	**家 事 審 判 申 立 書　事件名（相続の承認又は放棄の期間の伸長）**
	（この欄に申立手数料として1件について８００円分の収入印紙を貼ってください。）
収入印紙　　　　　円	（貼った印紙に押印しないでください。）
予納郵便切手　　　円	（注意）登記手数料としての収入印紙を納付する場合は，登記手数料として
予納収入印紙　　　円	の収入印紙は貼らずにそのまま提出してください。

準口頭		関連事件番号　平成・令和　　年（家　　）第　　　　　　　　　　　号

	家 庭 裁 判 所 御中	申　立　人 （又は法定代理人など） の　記　名　押　印	印
令和　　年　　月　　日			（住所等は別紙手続代理人目録記載のとおり）

添付書類	（審理のために必要な場合は，追加書類の提出をお願いすることがあります。）

申 立 人	本　籍 （国　籍）	（戸籍の添付が必要とされていない申立ての場合は，記入する必要はありません。） 都　道 府　県	
	住　所	〒　　－　　　　　　　　　　　電話　　　（　　　） （　　　　　方）	
	連絡先	〒　　－　　　　　　　　　　　電話　　　（　　　） （注：住所で確実に連絡ができるときは記入しないでください。） （　　　　　方）	
	フリガナ 氏　名		昭和 平成　　年　月　日生 令和　　（　　　歳）
	職　業		

※ 被 相 続 人	本　籍 （国　籍）	（戸籍の添付が必要とされていない申立ての場合は，記入する必要はありません。） 都　道 府　県	
	最後の 住　所	〒　　－　　　　　　　　　　　電話　　　（　　　） （　　　　　方）	
	連絡先	〒　　－　　　　　　　　　　　電話　　　（　　　） （　　　　　方）	
	フリガナ 氏　名		大正 昭和 平成　　年　月　日生 令和　　（　　　歳）
	職　業		

（注）　太枠の中だけ記入してください。
※の部分は，申立人，法定代理人，成年被後見人となるべき者，不在者，共同相続人，被相続人等の区別を記入してください。

別表第一（ 1/ ）

申　立　て　の　趣　旨
申立人が、被相続人○○○○の相続の承認又は放棄をする期間を令和○○年○○月○○日まで伸長するとの審判を求めます。

申　立　て　の　理　由
1　申立人は、被相続人の○○です。
2　被相続人は令和○○年○○月○○日死亡し、同日、申立人は、相続が開始したことを知りました。
3　申立人は、被相続人の相続財産を調査していますが、被相続人は、幅広く事業を行っていたことから、相続財産が各地に分散しているほか、債務も相当額あるようです。
4　そのため、法定期間内に、相続を承認するか放棄するかの判断をすることが困難な状況にあります。
5　よって、この期間を○か月伸長していただきたく、申立ての趣旨のとおりの審判を求めます。

別表第一（　/　）

【書式５】 相続放棄申述書…解説は95ページ

<table>
<tr><td colspan="2">受付印</td><td colspan="2" align="center">相 続 放 棄 申 述 書</td></tr>
<tr><td colspan="2"></td><td colspan="2">（この欄に収入印紙８００円分を貼ってください。）</td></tr>
<tr><td colspan="2">収 入 印 紙　　　　円</td><td colspan="2"></td></tr>
<tr><td colspan="2">予納郵便切手　　　　円</td><td colspan="2">（貼った印紙に押印しないでください。）</td></tr>
</table>

準口頭		関連事件番号　平成・令和　　年（家　）第　　　　　号

<table>
<tr>
<td rowspan="2" align="center">家 庭 裁 判 所
御 中</td>
<td align="center">申 述 人
未成年者などの場合は法定代理人
の 記 名 押 印</td>
<td align="center">申述人手続代理人
　　　　　　　　　　　印</td>
</tr>
<tr>
<td>令和　　年　　月　　日</td>
<td></td>
<td>（住所等は別紙手続代理人目録記載のとおり）</td>
</tr>
</table>

添付書類	（同じ書類は１通で足ります。審理のために必要な場合は，追加書類の提出をお願いすることがあります。） □ 戸籍（除籍・改製原戸籍）謄本（全部事項証明書）　合計　　通 □ 被相続人の住民票除票又は戸籍附票 □

<table>
<tr>
<td rowspan="5" align="center">申

述

人</td>
<td align="center">本　籍
（国　籍）</td>
<td colspan="3">都　道
府　県</td>
</tr>
<tr>
<td align="center">住　所</td>
<td colspan="3">〒　　－　　　　　　　　　　　電話　　（　　　　　）
　　　　　　　　　　　　　　　　（　　　　　方）</td>
</tr>
<tr>
<td align="center">フリガナ
氏　名</td>
<td colspan="2">昭和
平成　　年　　月　　日生
令和　　（　　　歳）</td>
<td>職業</td>
</tr>
<tr>
<td align="center">被相続人
との関係</td>
<td colspan="3">※　　　　　　１ 子　　　２ 孫　　　３ 配偶者　　　４ 直系尊属（父母・祖父母）
被相続人の……
　　　　　　　　５ 兄弟姉妹　　６ おいめい　　７ その他（　　　　　　）</td>
</tr>
<tr>
<td rowspan="2" align="center">法定代理人等</td>
<td align="center">※
１ 親権者
２ 後見人
３</td>
<td align="center">住　所</td>
<td colspan="2">〒　　－　　　　　　　　　　　電話　　（　　　　　）
　　　　　　　　　　　　　　　　（　　　　　方）</td>
</tr>
<tr>
<td align="center">フリガナ
氏　名</td>
<td>フリガナ
氏　名</td>
<td></td>
</tr>
<tr>
<td rowspan="3" align="center">被

相

続

人</td>
<td align="center">本　籍
（国　籍）</td>
<td colspan="3">都　道
府　県</td>
</tr>
<tr>
<td align="center">最後の
住　所</td>
<td colspan="2"></td>
<td>死亡当時
の 職 業</td>
</tr>
<tr>
<td align="center">フリガナ
氏　名</td>
<td colspan="2"></td>
<td>平成
　　　年　　月　　日死
令和</td>
</tr>
</table>

（注）太枠の中だけ記入してください。　　※の部分は，当てはまる番号を○で囲み，被相続人との関係欄の７，法定
代理人等欄の３を選んだ場合には，具体的に記載してください。

相続放棄（1／　）

第15章　事例と書式　231

申 述 の 趣 旨
相 続 の 放 棄 を す る 。

申 述 の 理 由

※
相続の開始を知った日・・・・令和　　年　　月　　日

1　被相続人死亡の当日　　　3　先順位者の相続放棄を知った日

2　死亡の通知をうけた日　　4　その他（　　　　　　　　　　）

放 棄 の 理 由	相 続 財 産 の 概 略	
※ 1　被相続人から生前に贈与 　を受けている。 2　生活が安定している。 3　遺産が少ない。 4　遺産を分散させたくない。 5　債務超過のため。 6　その他 〔　　　　　　　　　　〕	資	農　地……約＿＿＿＿平方メートル 山　林……約＿＿＿＿平方メートル 宅　地……約＿＿＿＿平方メートル 建　物……約＿＿＿＿平方メートル
	産	現金・預貯金……約＿＿＿＿万円 有価証券……約＿＿＿＿万円
	負　債……………………　約＿＿＿＿万円	

（注）太枠の中だけ記入してください。　※の部分は，当てはまる番号を○で囲み，申述の理由欄の４，
　　　放棄の理由欄の６を選んだ場合には，（　　　）内に具体的に記入してください。

相続放棄 （　／　）

【書式６】家事審判申立書（相続の限定承認）…解説は96ページ

受付印	家 事 審 判 申 立 書　事件名（ 相続の限定承認 ）

（この欄に申立手数料として１件について８００円分の収入印紙を貼ってください。）

（貼った印紙に押印しないでください。）

（注意）登記手数料としての収入印紙を納付する場合は，登記手数料として
　　　　の収入印紙は貼らずにそのまま提出してください。

収入印紙	円
予納郵便切手	円
予納収入印紙	円

準口頭		関連事件番号　平成・令和　　　年（家　　　）第　　　　　　　　　　　　号

	家 庭 裁 判 所	申　立　人	
令和　　年　　月　　日	御中	（又は法定代理人など） の 記 名 押 印	印 （住所等は別紙手続代理人目録記載のとおり）

添付書類	（審理のために必要な場合は，追加書類の提出をお願いすることがあります。）

	本　　　籍 （国　　籍）	（戸籍の添付が必要とされていない申立ての場合は，記入する必要はありません。） 　　　　　都　道 　　　　　府　県	
申	住　　　所	〒　　　－ 　　　　　　　　　　　　　　　　　　　　　電話　　　（　　　　）	（　　　　　　　方）
述	連　絡　先	〒　　　－　（注：住所で確実に連絡ができるときは記入しないでください。） 　　　　　　　　　　　　　　　　　　　　　電話　　　（　　　　）	（　　　　　　　方）
人	フリガナ 氏　　　名		昭和 平成　　年　月　　日生 令和　　　（　　　歳）
	職　　　業		

	本　　　籍 （国　　籍）	（戸籍の添付が必要とされていない申立ての場合は，記入する必要はありません。） 　　　　　都　道 　　　　　府　県	
※	最 後 の 住 所	〒　　　－ 　　　　　　　　　　　　　　　　　　　　　電話　　　（　　　　）	（　　　　　　　方）
被	連　絡　先	〒　　　－ 　　　　　　　　　　　　　　　　　　　　　電話　　　（　　　　）	（　　　　　　　方）
相 続 人	フリガナ 氏　　　名		大正 昭和 平成　　年　月　　日生 令和　　　（　　　歳）
	職　　　業		

（注）　太枠の中だけ記入してください。

※の部分は，申立人，法定代理人，成年被後見人となるべき者，不在者，共同相続人，被相続人等の区別を記入してください。

別表第一（ 1/ 　）

申　立　て　の　趣　旨
被相続人の相続につき、限定承認します。

申　立　て　の　理　由
1　申述人は、被相続人の○○です。相続人は申述人だけです。
2　被相続人は令和○○年○○月○○日死亡し、同日、申述人は、相続が開始したことを知り
ました。
3　被相続人には添付別紙記載の遺産がありますが、相当の負債もありますので、申述人は、
相続によって得た財産の限度で債務を弁済したいと考えます。
4　そこで、申述人は申立の趣旨記載の通り、限定承認をすることを申述します。
（※申述人複数の場合）
5　なお、相続財産管理人には、申述人の○○○○を選任していただくよう希望します。

別表第一（　/　）

【書式7】家事審判申立書（相続財産清算人選任）…解説は132ページ

<table>
<tr><td rowspan="2">受付印</td><td colspan="2">家 事 審 判 申 立 書　事件名（　相続財産清算人選任　）</td></tr>
<tr><td colspan="2">（この欄に申立手数料として1件について800円分の収入印紙を貼ってください。）</td></tr>
</table>

収入印紙　　　　　　円	（貼った印紙に押印しないでください。）
予納郵便切手　　　　円	（注意）登記手数料としての収入印紙を納付する場合は，登記手数料として
予納収入印紙　　　　円	の収入印紙は貼らずにそのまま提出してください。

| 準口頭 | | 関連事件番号　平成・令和　　　年（家　　　）第　　　　　　　　　　　　号 |

| | 家 庭 裁 判 所　　　　　御中 | 申　立　人
（又は法定代理人など）
の記名押印 | 印 |
| 令和　　年　　月　　日 | | （住所等は別紙手続代理人目録記載のとおり） |

| 添付書類 | （審理のために必要な場合は，追加書類の提出をお願いすることがあります。） |

<table>
<tr><td rowspan="5">申

立

人</td><td>本　　籍
（国　籍）</td><td colspan="2">（戸籍の添付が必要とされていない申立ての場合は，記入する必要はありません。）
　　　都　道
　　　府　県</td></tr>
<tr><td>住　　所</td><td colspan="2">〒　　－　　　　　　　　　　　　　電話　　（　　　）
　　　　　　　　　　　　　　　　　　　　　　（　　　　　　方）</td></tr>
<tr><td>連　絡　先</td><td colspan="2">〒　　－　　　　　　　　　　　　　電話　　（　　　）
（注：住所で確実に連絡ができるときは記入しないでください。）
　　　　　　　　　　　　　　　　　　　　　　（　　　　　　方）</td></tr>
<tr><td>フリガナ
氏　　名</td><td></td><td>昭和
平成　　年　　月　　日生
令和　　　（　　　歳）</td></tr>
<tr><td>職　　業</td><td colspan="2"></td></tr>
<tr><td rowspan="5">※

被

相

続

人</td><td>本　　籍
（国　籍）</td><td colspan="2">（戸籍の添付が必要とされていない申立ての場合は，記入する必要はありません。）
　　　都　道
　　　府　県</td></tr>
<tr><td>最後の
住　　所</td><td colspan="2">〒　　－　　　　　　　　　　　　　電話　　（　　　）
　　　　　　　　　　　　　　　　　　　　　　（　　　　　　方）</td></tr>
<tr><td>連　絡　先</td><td colspan="2">〒　　－　　　　　　　　　　　　　電話　　（　　　）
　　　　　　　　　　　　　　　　　　　　　　（　　　　　　方）</td></tr>
<tr><td>フリガナ
氏　　名</td><td></td><td>大正
昭和
平成　　年　　月　　日生
令和　　　（　　　歳）</td></tr>
<tr><td>職　　業</td><td colspan="2"></td></tr>
</table>

（注）　　太枠の中だけ記入してください。
※の部分は，申立人，法定代理人，成年後見人となるべき者，不在者，共同相続人，被相続人等の区別を記入してください。

別表第一（ 1/　 ）

申　　立　　て　　の　　趣　　旨
被相続人の相続財産清算人を選任するとの審判を求めます。

申　　立　　て　　の　　理　　由
1　申立人は、被相続人の○○に当たるものです。
申立人は、令和○○年頃から、被相続人の身の回りの世話をし、被相続人所有の
別紙物件目録記載の資産を事実上管理してきました。
2　被相続人は、令和　年　月　日に死亡し、相続が開始しましたが、相続人のあることが
明らかではなく、また、遺言の存否も不明なので、申立人が管理する資産を引継ぐことが
できません。
上記の次第なので、申立の趣旨記載の通りの審判を求めます。

別表第一（　/　）

●執筆者●

氏　名	住　所	TEL・FAX
寺本　吉男	〒104-0061 東京都中央区銀座2-5-7　GM-2ビル6階 寺本法律会計事務所	TEL　03-5250-3921 FAX　03-5250-3925
三浦　繁樹	〒102-0084 東京都千代田区二番町3-5　麹町三葉ビル4階 半蔵門総合法律事務所	TEL　03-3262-8844 FAX　03-3262-8044
新藤　えりな	〒102-0073 東京都千代田区九段北1-3-5 九段北一丁目ビル5階 九段坂総合法律事務所	TEL　03-3515-8641 FAX　03-3515-8643
北代　八重子	〒104-0061 東京都中央区銀座3-10-7 銀座京屋ビル6階 緑川・北代法律事務所	TEL　03-6228-7737 FAX　03-6228-7738
荒木　哲郎	〒100-0014 東京都千代田区永田町2-14-2 山王グランドビル414区 赤坂山王総合法律事務所	TEL　03-3591-6078 FAX　03-3591-6033
佐久間　幸司	〒102-0093 東京都千代田区平河町1-7-20 COI 平河町ビル6階 ヴェリタス法律事務所	TEL　03-6261-3404 FAX　03-6261-3407
関口　康晴	〒107-0052 東京都港区赤坂3-2-6　赤坂光映ビル6階 西村・町田法律事務所	TEL　03-6230-9418 FAX　03-6230-9419
近衞　大	〒150-0021 東京都渋谷区恵比寿西1-24-1 パンゲアソラリアム2階 KKM 法律事務所	TEL　03-6416-5911 FAX　03-6416-5922
松田　由貴	〒102-0083 東京都千代田区麹町2-2-30　麹町鈴木ビル4階 サンライズ法律事務所	TEL　03-5275-2060 FAX　03-3265-8278
江川　勝一	〒104-0061 東京都中央区銀座5-15-1 南海東京ビルディング8階 江川西川綜合法律事務所	TEL　03-6264-0997 FAX　03-6264-0998
中山　弘基	〒105-0004 東京都港区新橋二丁目20番15号 新橋駅前ビル1号館9階 増田法律事務所	TEL　03-3574-1422 FAX　03-3574-1479

氏　名	住　所	TEL・FAX
鈴木　優吾	〒105-0003 東京都港区西新橋1-20-3　虎ノ門法曹ビル506 山岡総合法律事務所	TEL　03-5521-1801 FAX　03-5521-1808
井口　賢人	〒104-0061 東京都中央区銀座5-15-1 南海東京ビルディング8階 江川西川綜合法律事務所	TEL　03-6264-0997 FAX　03-6264-0998
萩原　任	〒104-0041 東京都中央区新富2-5-10　新富ビル3階 弁護士法人谷井綜合法律事務所	TEL　03-6228-3340 FAX　03-6228-3341
寺本　吉孝	〒107-0052 東京都港区赤坂3-2-6　赤坂光映ビル6階 西村・町田法律事務所	TEL　03-6230-9418 FAX　03-6230-9419
木村　瑠志	〒100-0011 東京都千代田区内幸町2-2-3 日比谷国際ビル18階 弁護士法人中央総合法律事務所東京事務所	TEL　03-3539-1877 FAX　03-3539-1878

> 購入者特典！

本書第15章の書式（Microsoft Word）がダウンロードできます。

データのダウンロード・ご利用の方法

1．ソフトウェア要件

　本書のデータは、日本法令ホームページ上からダウンロードしてご利用いただくものですので、インターネットに接続できる環境にあるパソコンが必要です。また、データファイルを開く際にはMicrosoft Word がインストールされていることが前提となります。

2．使用承諾

　万一本書の各種データを使用することによって、何らかの損害やトラブルがパソコンおよび周辺機器、インストール済みのソフトウェアなどに生じた場合でも、著者および版元は一切の責任を負うものではありません。
　このことは、各種ファイルのダウンロードを選択した際のメッセージが表示されたときに「開く（O）」または「保存する（S）」を選択した時点で承諾したものとします。

3．使用方法

① 日本法令のホームページ（https://www.horei.co.jp）にアクセスし、上部中央にある「商品情報（法令ガイド）」をクリックします。

② 右下の「出版書」のコーナーの、「購入者特典：書籍コンテンツ付録データ」の文字をクリックします。

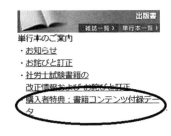

③ ご利用いただけるファイルの一覧が表示されますので、お使いのものを選んでファイルを開くか、またはデータを保存のうえご利用ください。また、データにはパスワードがかかっています。パスワードは qasouzoku2024 です。

Q&A 単純承認・限定承認・相続放棄の法律実務
判断ポイントと事例・書式　　令和6年12月20日　初版発行

検印省略

編　者　寺　本　吉　男
発行者　青　木　鉱　太
編集者　岩　倉　春　光
印刷所　東　光　整　版　印　刷
製本所　国　　宝　　社

〒101-0032
東京都千代田区岩本町1丁目2番19号
https://www.horei.co.jp/

（営　業）　TEL　03-6858-6967　　Eメール　syuppan@horei.co.jp
（通　販）　TEL　03-6858-6966　　Eメール　book.order@horei.co.jp
（編　集）　FAX　03-6858-6957　　Eメール　tankoubon@horei.co.jp

（オンラインショップ）　https://www.horei.co.jp/iec/
（お詫びと訂正）　https://www.horei.co.jp/book/owabi.shtml
（書籍の追加情報）　https://www.horei.co.jp/book/osirasebook.shtml

※万一、本書の内容に誤記等が判明した場合には、上記「お詫びと訂正」に最新情報を掲載しております。ホームページに掲載されていない内容につきましては、FAXまたはEメールで編集までお問合せください。

・乱丁、落丁本は直接弊社出版部へお送りくださればお取替えいたします。
・[JCOPY]〈出版者著作権管理機構　委託出版物〉
本書の無断複製は著作権法上での例外を除き禁じられています。複製される場合は、そのつど事前に、出版者著作権管理機構（電話03-5244-5088、FAX 03-5244-5089、e-mail: info@jcopy.or.jp）の許諾を得てください。また、本書を代行業者等の第三者に依頼してスキャンやデジタル化することは、たとえ個人や家庭内での利用であっても一切認められておりません。

Ⓒ Y. Teramoto 2024. Printed in JAPAN
ISBN 978-4-539-73076-8